フェリス・カルチャーシリーズ 4

多文化・共生社会のコミュニケーション論

——子どもの発達からマルチメディアまで——

Ferris Culture Series

翰林書房

多文化・共生社会のコミュニケーション論——子どもの発達からマルチメディアまで——

◎目次

文化心理学とコミュニケーション
――社会・文化・歴史的に形成される人間――

田崎勝也

今から約八〇年前、インドのゴダムリという村でオオカミに育てられた二人の女児が見つかった。[*1] 発見された当時の推定年齢は、上の子が八歳、下の子は一歳半。下の子のアマラは翌年亡くなるが、上の子のカマラは救出された牧師夫婦に引き取られ、尿毒症で亡くなるまでの約一〇年間、「人間」としての暮らしを送った。牧師夫妻によって残された貴重な記録によれば、カマラは発見された当時、二足歩行をすることはなく、身体の移動は四足歩行もしくは這いずりであったという。もちろんことばを話すことはできず、オオカミのように吠え、人間になつくことはなかった。その後、牧師夫妻の献身的な世話によって、カマラは次第に人間性を取り戻す。一四歳の頃には二足歩行が可能になり、ことばも三〇語から四五語程度を使えるようになった。また一六歳の頃には、他の子どもたちと友達になったり、子どもの面倒をみたりすることができるようになった。しかしながらこの時期でも彼女の精神年齢は通常の三、四歳児と同程度であった。カマラは推定年齢一七歳で死亡するが、仮に彼女がその後も人間的な暮らしを送れたとしても、精神機能面で同年代の女性のレベルまで回復することは不可能であったと言われている。

多少記述に疑わしいところがあるものの、このカマラの記録は、人間の発達において社会・文化的な環境がいかに重要かを示している。カマラは約一〇年間の人との暮らしの中で徐々に人間性を回復していった。亡くなる直前にはことばもおぼえ、簡単な会話を交わすことができるようになった。このことはカマラが人として成長できる潜在的な能力を持ち合わせていたことを示している。しかしながら、彼女の発達レベルは同年代の女性と比べてかなり劣っており、彼女が牧師夫婦に発見されるまでの八年間で失った人間的・文化的成長過程の欠落が、人としての成長に多大な影響を及ぼしていたことが読み取れる。

この章では、人が社会的な環境の中でどのように「文化」を取り込みながら成長するのか、我々の知識や心性の社会・文化的起源について考えていく。特に、最近の日本研究によってわかってきた日本人特有の行動パターンやこころの動きがいかににして生まれるのか、「日本人」がどのように社会的・文化的につくられるのか、を考察する。前半は、こころの形成と文化の関係を文化心理学の知見に学び、後半では、しつけの方略や教育についての比較文化研究を参考にしながら、日本人の特性としてしばしば挙げられる他者志向、人間関係重視の価値観の形成プロセスについて考えていく。

1　人間の発達と文化

生後間もない乳幼児を見ていると、自らの生命を営む上で人ほど他者の助けを必要とする動物はいないと感じる。ほとんど「無防備」で生まれてくる人の赤ん坊も、やがて「ことば」という意思疎通の手段を手に入れ、他者との関わり合いのなかでさまざまな知恵を学んでいく。家庭や学校、広くは地域社会で親、兄弟、教師、友人などさまざまな社会的他者との相互作用を通して、その社会で必要とされる知識や技能を修得するのである。このようにほとんど防衛手段を持たずに生まれてくる人間の赤ん坊が、高度な知性を身につけた成人へと成長する過程を考える時、社会的他者や広くはわれわれを取り巻く社会・文化的環境が人間の発達にいかに重要な役割を果たしているかがわかる。

このように人の発達はそれを取り巻く社会・文化的影響から切り離して考えることはできない。つまり、我々のもつ知識や習慣や信条は社会・文化的に形成され、それらは「文化的な産物」と考えることができる。しかしながら、こころの普遍的なメカニズムを解き明かすことを主たる目的とする心理学では、長らく心性における文化的影響を軽視してきた。これは、文化が異なっても人間の一生は同一の基盤、方向性、原理によって進み、したがって、こころの働きは普遍的であるとする心理学の科学思想によるところが大きい。たとえば、普遍性を強調した心理研究の代表的なものにコールバーグの道徳性の研究がある。[*2] コールバーグによれば、人間の道徳的判断基準は段階的に発達し、道徳観は以下のステップを経て構築される。①個人的で必要性や社会的報酬を基準とした道徳観、②伝統や規範、法規則といった社会で求められる「しきたり」を基準とした道徳観、③倫理観や正義観といった基本的人権や人間の尊厳に基づく道徳観。つまり、文化間で発達の速度に違いはあるものの、人は、低レベルの個人的な必要性や社会的報酬に基づく道徳的基準から、より高度な普遍性に基づく道徳基準に向けて、大よそ同じような連続的な発達段階を経験するということである。もちろん、人の発達の連続性は文化を超えた普遍的な側面があることも否定できない。しかし、むしろこれは人間の生物的機能に関連した側面においてより顕著であり、価値観や信念といった人間の社会性の発達では、文化・社会的な影響を考えずにここのプロセスを解くことは困難であろう。たとえば道徳的判断基準を考えた場合、当然のことながら文化が異なれば克服しなければならない課題や矛盾も異なり、発達の方向性も当然異なる。日本人にとって成熟した大人は、周りの様子を察知し他者への感情移入ができる人、自己の欲望を抑え人間関係を円滑に保てる人であり、こうした他者志向の考え方が道徳的判断基準の重要な位置を占めるだろう。一方、日本人とは対照的な文化的価値をもつとされるアメリカ人の場合はどうであろうか。アメリカ人にとっての成熟した大人の姿は、しっかりと自己主張を行い、自らの意思によって行動できる「強い」個人であり、こうした自立性や個人の意思が道徳的な判断基準の中心となる。

2　文化心理学とは何か

このように人間の心理と文化には密接な関係があることがわかるが、人間の心理の普遍性を強調してきた心理学でも、最近になりようやく、こころのプロセスにおける社会・文化的影響の重要性が議論されるようになった。「文化心理学」または「社会・文化・歴史的アプローチ」と呼ばれる学派である。「文化心理学」や「社会・文化・歴史的アプローチ」は、心理学の中でも発達心理学や教育心理学の周辺領域と位置づけられ、また、文化人類学、言語学、教育学、歴史学などの分野とも関係が深く、学際的特徴をもつ。このような研究では、社会と個人の関係を考えながら、子どもがどのようにして「文化」を取り込み社会の成員に成長していくか、知識習得における文化や社会の役割を考えることが研究の中心的なテーマである。

「文化心理学」や「社会・文化・歴史的アプローチ」と呼ばれる学派が従来の心理学とどう違っているのか、彼らの研究をもう少し詳しくみていこう。彼らはこころの形成過程を社会・文化・歴史的文脈のなかで捉えようとする。従来の心理学では人の心性の発達を社会的な要因と切り離して考え、研究における主たる関心は個人が知識をどのように獲得するかに向いていた。このような学習モデルに基づく研究では、分析単位が個人または個人内の認知プロセスにあった。一方、文化心理学では、研究の関心や分析の単位はしばしば社会・文化・歴史的に意味をもつ「活動」

に向けられる。この学派は、こころのプロセスを社会・文化・歴史的活動の一部として理解し、活動で繰り広げられる他者との接触を通して、子どもが他者との間にどのような意味体系を築いていくかを研究対象としているためである。

こころが社会・文化的に形成されるというこうした考え方は、一九〇〇年代の初頭、ロシアの心理学者ヴィゴツキーを中心とする研究者によって理論化された。ヴィゴツキー[*3]によれば、我々はこの世に生まれてから死ぬまで、社会・文化・歴史的に構成された「活動」に従事し、他者との相互交渉を通じて、その社会で必要とさえる知識や技能、価値観を習得するという。ここでいう「活動」とは、ある目的のために組織され、繰り返される人間の営みを意味し、家庭での食事、職場での仕事、学校での授業などはすべて文化的な「活動」である。こうした活動への参加によって、子どもたちはそこで有効とされる知識や技能を学ぶ。

ここで活動における他者の役割について考えてみよう。ヴィゴツキーは知識や技能の習得には、活動における他者との相互交渉が重要であると考えた。子どもがすでに獲得した知識や技能を出発点として、新しい知識や概念が社会的他者によって紹介される。ここでいう社会的他者とは親、教師、友人などその子どもよりも高い能力をもつ者をさす。子どもは、このような社会的他者から示された新しい知識を、自分がすでに修得した知識や過去の経験と関連付けることによって学ぼうとする。そして、このような学習形態は「発達の最近接領域」で起こると考えられている（図1参照）。「発達の最近接領域」とは、子どもが独力で遂行が可能な問題解決能力と他者の助けを借りてできる問題解決能力の差をさす。子どもが単独ではできないことも、親や教師が近くに寄り添い、ちょっとしたアドバイスやヒントを与えることによって解決することができるが、こうした高い能力をもった社会的他者からの導きによって子どもがより高い能力を身に着けていく過程を、この「発達の最近接領域」は説明している。社会的他者から導かれる知識や技能は学校教育でカバーされるような教科教育に留まらない。その社会で重視される価値観や規範、またコミュニケーション行為自体もこのような社会的他者との接触によって獲得される。

ヴィゴツキーが強調した発達におけるもうひとつの重要な側面は、道具・記号の役割についてである。中でもヴィゴツキーが最も強調したものは「ことば」の使用である。社会・文化・歴史的に意味のある活動の中で起こる他者との意思疎通は、ことばの媒介によってはじめて成立する。「発達の最近接領域」での他者からの導き・助言・励ましには、ことばによる意思疎通が不可欠で、他者との意思伝達手段としてことばが重要な働きをしていることがわかる。そして、ことばには他者とのコミュニケーションのほかにもうひとつ重要な機能がある。それは我々の思考の整理を手助けし、抽象的な創造を可能にするような心理的機能である。難解な概念や抽象的な現象を理解する際、われわれはことばの力を借りて思考を制御・整理していることに気がつく。つまりことばは他者との意思疎通を可能にする「技術的な道具」としての機能のほかに、自身の思考過程を制御する内面的活動の手段である「心理的な道具」としての機能をもつ。ヴィゴツキーによれば、この心理的道具としてのことばの役割が人に高次な精神活動をもたらす原動力であるという。

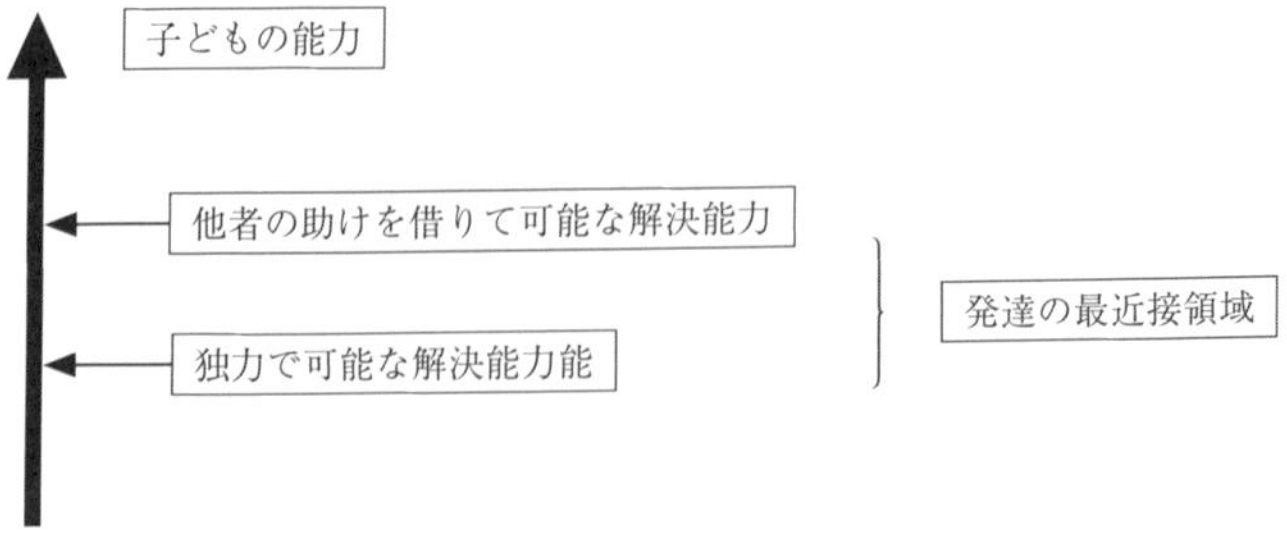

図1　発達の最近接領域

ヴィゴツキーは、子どもの知識の習得やこころの形成が社会・文化的な起源をもつことを「活動」、「道具」、「発達の最近接領域」などのキーワードを用いて説明したが、後に活動理論派と呼ばれるようになった彼の遺志を継いだ研究者たち（たとえば、コールやエンゲストローム）は、ヴィゴツキーの示した学習理論を拡張し、子どもが「活動」で接触することば以外の人工物をも研究の対象としている。ここでいう人工物とは、ことばなどの心理的道具のみならず、仕事を成し遂げるために人間によって創り出された道具を意味する。たとえば、学校で学習する子どもたちを取り巻く社会的状況について考えてみよう。子どもたちは、先祖伝来の豊かな文化的遺産に囲まれていることに気がつく。たとえば、鉛筆やパソコンなどの学習道具、他者との意思疎通や考えを整理するためのことば、暑さ、寒さから身を守る衣服、快適な学習環境を与える建物などである。人間が創り出したこうした人工物は歴史的・文化的な産物であり、われわれが先代から受け継いで来たものである。

ヴィゴツキーは、発達が社会・文化的な起源をもつことを社会的他者の役割を中心に説いたが、子どもたちが参加する活動において接触するのは社会的他者だけではない。そこには先代から受け継いだ豊かな人工物が存在し、子どもはこうした人工物に触れることによって、実際にはそこに存在しなくても、人工物を通じてそれを作った過去の人々と接触していると考えることができる。つまり、人工物との接触は先代の知恵に触れることを意味し、ヴィゴツキーの説く活動における社会的他者との接触と同様に、子どもの成長をもたらすのである。発達における人工物の役割を考えると、活動のもうひとつの側面が見えてくる。それは先代から受け継いだ知恵を十分に含有した人工物との接触は、通時的であり、活動が社会・文化的に意味をもつということに加えて、歴史的にも意味のある行為であるということである。このような学派が、社会・文化・歴史的アプローチといわれる所以である。

3　比較文化研究と日本人観

ヴィゴツキーが指摘するように、人は特定の文化に生まれ、親、教師、友人など社会的他者との接触の中でその文化で適当とされる行為や価値観を身につける。こうした発達における社会・文化的環境の役割を考えていくと、文化と個人の相互依存的な関係が浮かび上がってくる。社会・文化的な環境で他者からどの程度影響を受けるかには個人差も考えられるが、人が社会・文化的に構築されるとするならば、個人のもつ価値観や心的プロセスにはその個人が所属する社会集団のもつ価値観や心性との共通点が考えられる。一方、知識や技能を十分に吸収した成人はそれらを基盤として新たな文化を創造していく。このように文化と個人は互いに影響を受けたり、影響を与えたりしながら発展していくという相互依存的な関係を有する。

文化と個人の相互依存的な関係を考えると、集団もしくは文化は、同じような知識・技能・価値観をもった個の集合体と考えることが可能である。このような集団で共有される知識体系は新たに創造されようとしている新しい知識や技能や価値基準も含まれる。そしてこうした集団のもつ特性を研究することによって、特定の文化のもつ特徴や価値基準を調べることが可能になる。過去何十年にもわたって行われてきた日本人特有の行動パターンや価値観に関する実証的研究は、このような考え方に基づいている。欧米を中心とする諸外国の様子と比較することにより、日本人の国民性や価値観の特性を調査してきたわけである。過去の実証的比較文化研究から明らかになった日本人の特性をまとめてみると、日本人は、①対人関係・義理人情を重視し、②「甘え」の人間関係を好み、③個人主義的よりは集団主義的であり、④独立的自己意識よりは相互依存的自己意識を強くもつ、などに集約されよう。

たとえば日本人の相互依存的自己意識について、どのような議論がなされているかみてみよう。マーカスとキタヤマ[*4]によれば、自己の特性に関する知識、つまり「自己概念」には、文化的な価値観と密接に関わっているものがあるという。そして過去の自己概念に関連する実証的研究を総括した結果、日本人には集団主義的な自己意識である相互依存的自己観（Interdependent Self-

Construal）をもつ者が多く、対して欧米諸国には、個人主義的な自己意識である独立的自己観（Independent Self-Construal）をもつ人が多いことが指摘されている。日本人の行動パターンと深い関わり合いがある相互依存的自己観は、日本をはじめアジア諸国などの集団主義的文化圏に多くみられ、この自己の意識は自己と他者との間に明確な境界線をもたない。このような自己概念をもつ人にとっては、集団に溶け込み、お互いの気持ちを察しあいながら人間関係を円滑に保てるかどうかが大切な能力であり、またこのような能力をもつことが自尊心を高める要因になっている。このため、集団内の調和を乱すことを避けようとする傾向が生まれ、個人の特性を積極的にアピールすることは好ましいことだとは考えない。一方、欧米の個人主義的文化圏に生活する人に多い独立的自己観はどのような自己概念であろうか。このような自己概念をもつ人は、「自分は自分」、「他人は他人」というように、自己と他者を明確に分けて考える傾向が強い。独立的自己観を自己観念としてもつ人にとって、他者とは違ったユニークな能力や個性を主張することは重要なことであり、このような目的を満たしたとき、充実感や達成感を得る。そのため、自己の個性がより発揮できるよう、個人の目標達成が優先事項となる。

自己概念の研究を含め、過去に行われた比較文化研究を眺めると、日本人の文化的特性として、「人間関係」「他者」「甘え」「気持ち主義」「集団主義」「和」などがキーワードとして上がってくる。このような日本人の特性はどのようにして構築されるのであろうか。ヴィゴツキーの発達論にその答えを求めるなら、子どもを取り巻く社会的・文化的環境との関連性があるはずである。

そして、現代の子どもを取り巻く社会・文化的環境を考えた時、子どもの心性形成に最も影響力をもつ「活動」は家庭生活と学校教育に多く存在する。次節では、家庭生活のなかで子どもにとって最も接触が多い社会的他者である母親の養育態度の比較文化研究を、また、学校教育では子どもが学習に使用する教材についての研究を考察しながら、「日本人」がいかに構築されるのかを考えていく。

4　日本人のしつけと感情移入

守屋[*5]はシルヴァスタインの『与える木』という物語（絵本）を、スウェーデン、韓国、英国、そして日本の子どもたちに読んでもらい、感想文にまとめてもらった。この物語はりんごの木と少年の生涯にわたる交流を描いたもので、少年との友情に純粋なりんごの木が、大人になるにつれて貪欲になっていく少年への要求に答え続け、最後には自分自身の体（木）を彼の家を建てるための木材として提供してしまう話だ。子どもが書いた感想文を分析すると、他国の子どもたちと比べて日本の子どもたちは、「木がかわいそう」、「あの木は大好き」、「あの少年は嫌いだ」などというように情緒的な評価が多かった。このような感情豊かな反応は、物語には語られていない登場人物の気持ちにも及んだ。たとえば物語では、少年のわがままな態度に対しても最後まで少年との友情を貫いたりんごの木は幸せであったという記述がたびたび出てくるが、これに対してある日本人の小学四年生は、「りんごの木は本当は幸せではなかった」と書いている。このような感情面での推量は他の国の子どもたちにはほとんどみられなかった。

成人を対象にした比較文化研究でも明らかなように、日本人の文化的特性を形作っている重要な要素のひとつは、対人関係の重視にあり、そしてその基本にあるのは、感情面を重視した人間関係である。守屋の研究でも示されているように、このような日本人の文化的特性は、子どもの発達でもかなり早い段階においてすでに「刷り込み」が起こっていることがわかる。日本では、よりよい人間関係を築くために感情移入し「相手を思いやる気持ち」をもつことが大事であることが生活のあらゆる側面で強調され、子育ての中心的な課題になっている。このような日本人の特性はしつけの際に何を重視するかをたずねた比較文化研究でも明らかになっている。

東・柏木・ヘス[*6]は、母親がこどもにどのようなことを期待するのか、発達期待の調査を日米の母親を対象に行っている。日本の母親五八名、アメリカの母親六七名を対象に、「ひとりで食事ができる」「友達の気持ちに思いやりをもつ」「リーダーシップがとれる」「やたらになかない」など、こどもに期待する四一項目について何歳までに身に付けてほしいか尋ねた。早い時期(三歳まで)に身に付けてほしいと考えている場合、その項目の重要度が高いとして重み付けをして得点を算出した結果、特に日米で差が見られた項目は一一項目あった。日本の母親が特に早い発達を期待する項目は、「やたらになかない」「短い時間ならひとりで留守番できる」「挨拶する」「頼むときは丁寧なことばを使う」「行儀良くする」の五項目であった。一方、アメリカの母親は、「リーダーシップが取れる」「自己主張できる」「自分の考えを相手に説明できる」「意見や希望を聞かれたらはっきりと述べる」「友達を説得できる」「納得いかない場合は説明を求める」の六項目を重視していた。

これら早期の発達を期待する項目群から日米の母親の子育て観の特徴を考えてみると、日本の母親は「情緒的成熟」、「従順」、「礼儀」、「自立」などについて米国の母親より早期の発達期待をもっていた。これは、親に従順で決まりに従うこどもが期待されていること示しており、良い子の条件として「素直さ」が考えられる。また、感情をコントロールし、自己を律する力を重視していることからも、他者との衝突を避け支障なく共同生活を営むための必要なスキルを重視しているといえるだろう。子どもに人間関係を重視したスキルを習得してほしいとするこうした日本人の価値観は、最近の国際調査[*7]でも報告されている。家庭教育において重視すべき「自主性」「勤勉さ」「責任感」「想像力・創作力」「寛容性」「節約心」「決断力・忍耐力」「信仰心」「公正さ」「従順さ」の一〇項目のうち日本は、「従順さ」、「決断力・忍耐力」が他の国と比べて高く、周りの気持ちを察し集団の中でうまくやっていく能力を重視することが指摘されている。

子どもの発達期待とともに東らの調査では、母親のしつけの方略についても尋ねている。三歳半の子どもが好ましくない行動をしているとき、日米の母親がどのような事柄を説得の根拠にするのかを調査した。想定された状況は子どもが「野菜を食べないとき」「薬を飲まないとき」、「積み木を友達になげる」「スーパーでのいたずら」「壁に絵を描いているとき」など一〇の状況で、

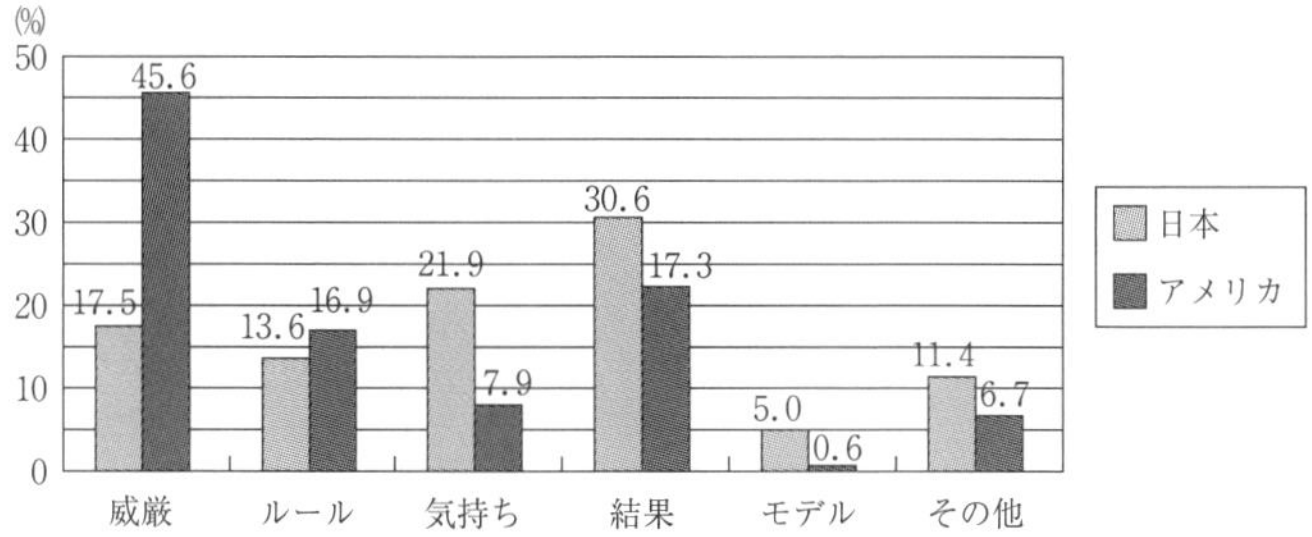

（注）東ら（1981）に基づき著者が作成

図2　説得の根拠

母親たちが説得する際に用いる根拠を分類し、日米で対比した。説得の根拠は「とにかく食べなさい」など「親の威厳」に訴えるもの、「積み木は投げるものじゃないのよ」など「ルール」を持ち出すもの、「壁がいやだって泣いちゃうよ」と「気持ち」に訴えかけるもの、「食べないと大きくなれないわよ」と「結果」を示すもの、「○○ちゃん（弟）がまねしますよ」と行為が誰かのモデルになることを訴えるものとその他の六種類に分類された。図2は日米間の説得における根拠の違いを示したものである。

　グラフからも明らかなように、アメリカの母親のほぼ半数は親の威厳を根拠とした説得をし、日本の約一八％と比べてその割合はかなり高い。その一方で日本の母親は、気持ち（二二％）や結果（三一％）モデル（五％）に訴えかけた説得をするのが特徴的である。しつけの方略について調査したこの研究からも、日本人が感情面や対人関係を重視したしつけを重視していることが読み取れる。

5　日本人と間接的コミュニケーション

日本人はより間接的、欧米人はより直接的コミュニケーションを好むことが過去の調査から明らかになっているが、これを母親のしつけの観点から考えてみよう。ヴィゴツキーのいうように子どもが社会的他者との接触で学ぶのは知識や技能だけではなく、社会・文化的に適当とされる振る舞い、つまりコミュニケーションも同時に学ぶことになる。したがって日常生活において母親が子どもとどのようなコミュニケーションを行っているかも分析対象となる。たとえば東らの研究を例に取ると、「ぐずぐずいわずそうしなさい」、「ルールなのだからこうしなさい」というように「威厳」と「ルール」に説得の根拠を求めるコミュニケーション・スタイルは、より直接的・明示的だと考えられる。対照的に、「気持ち」や「結果」や「役割」を示すことにより相手に分からせる、諭すタイプのコミュニケーションは暗示的で間接的なコミュニケーションといえるだろう。アメリカの母親の約六三％は「威厳」もしくは「規則」に訴えかけて言い聞かせているのに、日本の母親の約五八％は、相手の気持ちや立場を述べたり、結果を説明したり、自身の社会的役割を認識させせたりして、より間接的なコミュニケーション・スタイルを使用していることがわかる。

このような間接的なコミュニケーションを好む背景には、命令や指示によって直接態度を変えるより、子どもの自発的な態度改善を期待する日本人の価値観が考えられよう。日本人のこうした傾向は、他の研究者によっても指摘されている。例えば、リブラ[*8]によれば、日本人の母親は子どもを叱るとき、「○○ちゃんに笑われますよ」とか「恥ずかしいですよ」といったように第三者の立場からの印象を子どもに伝えることが多いという。日本人が間接的コミュニケーションを好む理由には、このような発達における母親の影響が大きいのかもしれない。

また、日本人のしつけとコミュニケーションの関係性について興味深い研究がある。これは子どもの自己主張について母親たちがどのような意見をもっているかを調査したものである。佐藤[*9]は、子どもの自己主張と自己抑制の二つの側面について、母親がどのようなしつけをするのか、アンケート紙と面接による調査を行った。自己抑制を必要とする四つの場面と自己主張を必要とする二つの場面について、評価（困る—やや困る—やや良い—良い）およびその対応について尋ねた。想定された場面は以下のとおりである。

〈抑制場面1〉砂場で友達が使っているシャベルを何もいわず取り上げてしまう
〈抑制場面2〉子どもがブランコの順番を守らず割り込む
〈抑制場面3〉おもちゃを貸してと友達から言われたが貸さないとき
〈抑制場面4〉誤って自分の作った花瓶を割ってしまった友達を許さないとき
〈主張場面1〉ブランコの順番を守らず割り込んだ友達に抗議
〈主張場面2〉遊びに入れてほしいときに「入れて」といえないとき

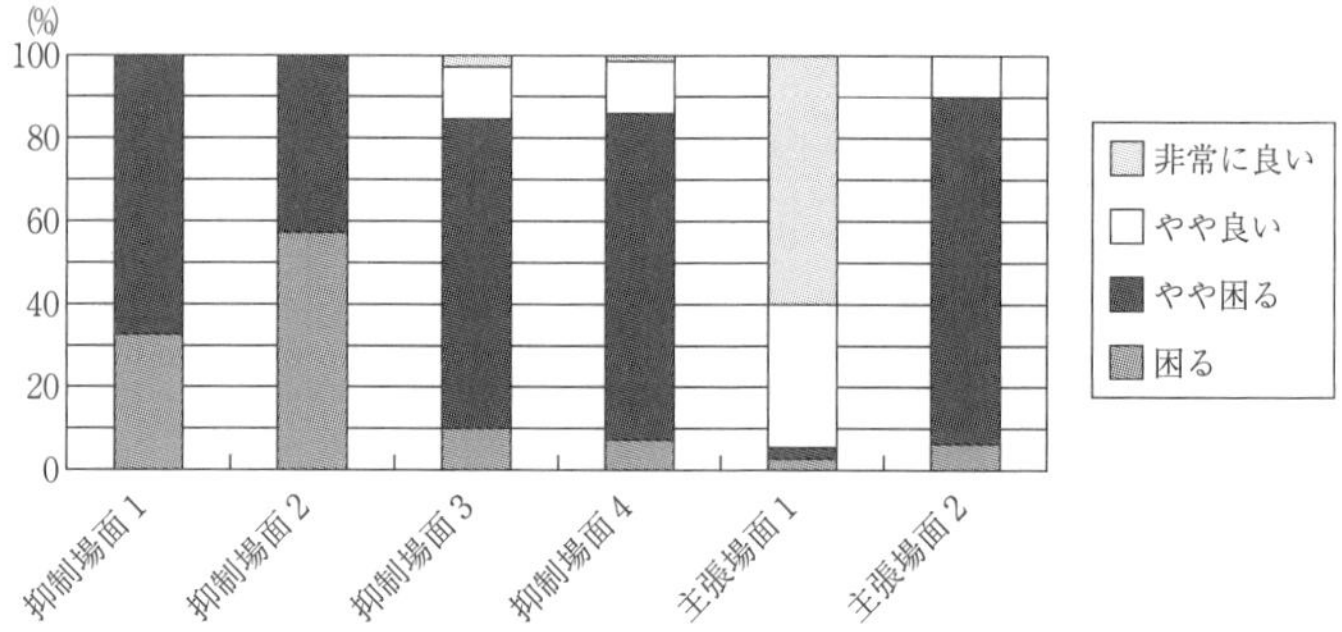

（注）佐藤（1996）に基づき著者が作成

図3　母親の評価

調査結果をみてみよう（図3、4参照）。抑制場面で興味深いのは場面の一と二についての評価で、両場面とも「やや良い」もしくは「非常に良い」と回答した母親はいなかったが、〈抑制場面1〉では「困る」と回答した母親は約三十二％だったのに対して、〈抑制場面2〉では約五七％に上がっている。〈抑制場面1〉は友達からシャベルを取り上げてしまう個人的な問題を含んでいた。これに対して〈抑制場面2〉は順番を守るという集団内での規則の準拠についてであった。日本の母親は、対人間の個人的な問題より、集団で和を乱す行動、つまり、集団でみんなが守っていることを守れないことを特に問題視することが読み取れる。次に、主張場面における評価と対応はどうだろうか。〈主張場面1〉は割り込みに対して抗議するというものだが、〈やや良い〉と〈良い〉を合わせると全体の約九五％の母親が評価している。しかしながら反応をみてみると、五六％の母親が、〈何もしない〉と回答している。このような無反応は〈主張場面2〉では約七〇％にもなる。一方、四つの抑制場面では、六〇％〜九五％の母親が〈叱

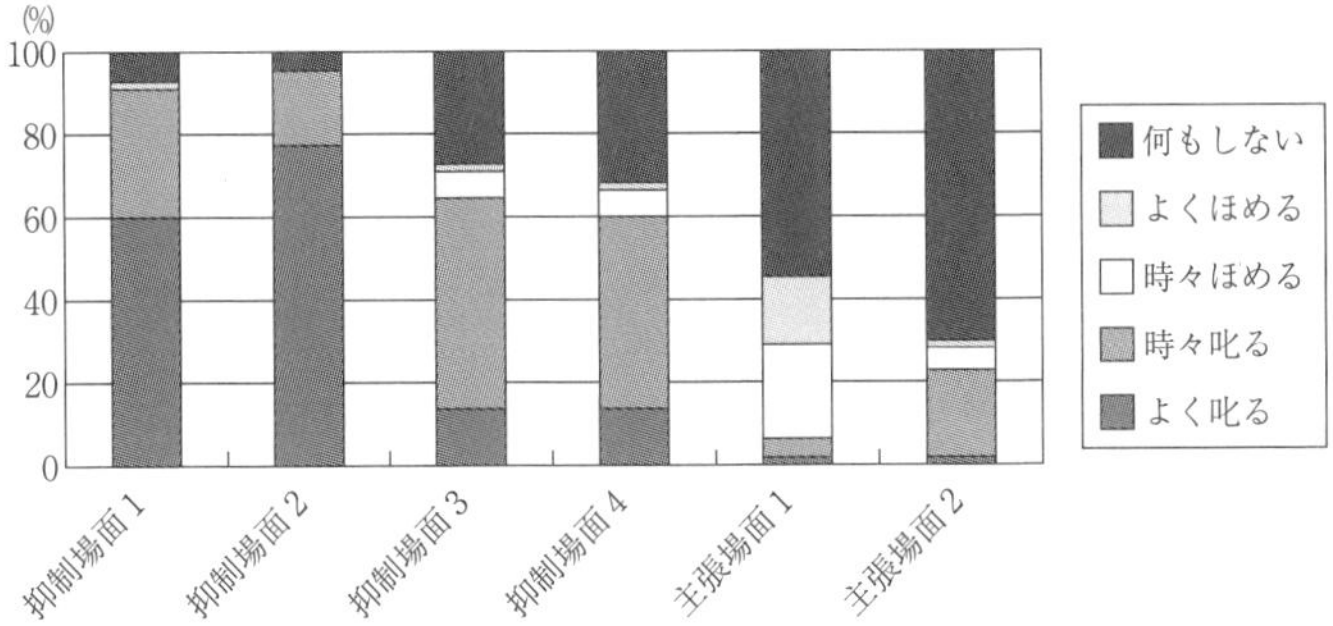

（注）佐藤（1996）に基づき著者が作成

図4　母親の反応

る〉もしくは〈時々叱る〉という反応を示し、〈何もしない〉は五％〜三〇％と低い。つまり、日本の母親は、自己抑制ができない子どもを問題視し、「しつけ」を施そうとする傾向があるのに対して、自己主張に関しては評価するものの、しっかりとできるように「しつけ」をしようとはしない、つまり自己主張に関しては消極的であることがわかる。

佐藤[*10]はまた、自己主張しない子どもになぜ母親が何もしないのか、その理由についてフォローアップ面接で調査している。ここでもやはり相手の立場になって考えることを重視する母親たちの価値観が浮き彫りになっている。自己主張を勧めない主な理由として、「自己主張することはいいことだけど、主張することで相手の子どもはいやな思いをする」、「割り込んだことは悪いけど、その子は本当にブランコに乗りたかったかもしれない」などが挙げられた。また、子どもが主張することによって母親がどのような気持ちをもつのか、相手の母親の気持ちを察するコメントをする母親も観られた。面接ではさらに、他者への配慮をするか・周囲の目が気になるか

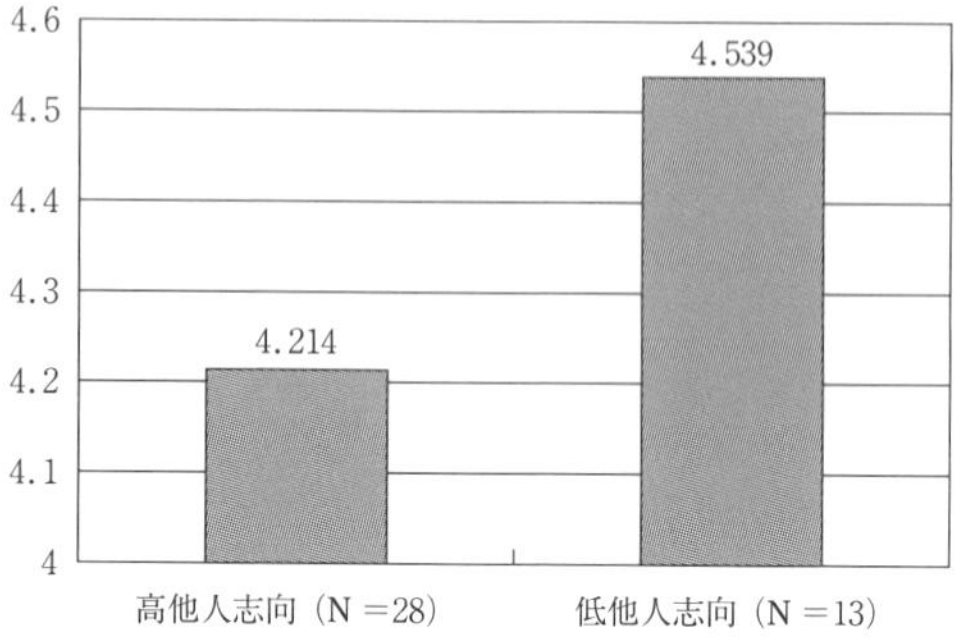

（注１）低得点ほど自己制御できない子どもを困ると感じる
（注２）佐藤（1996）に基づき著者が作成

図５　抑制場面の平均値

を尋ね、他者志向が強い母親たちと弱い母親たちには前出の自己抑制を必要とする四場面での評価に差があるかを調べた。t検定の結果、評価の平均値には有意差（$t(39)=-1.91, p < 0.05$）があり、他者志向が強い母親ほど子どもの自己抑制の発達に気を配ることが示唆された（図５参照）。

6　学校教育と日本人の価値観

母親のしつけと並んで、学校教育も子どもの文化的・社会的発達に重要な役割を担っている。それでは学校教育は子どもの発達にどのように影響を及ぼしているのであろうか。ここでは国語の教科書がどのような内容を取り上げているかについて日米比較文化研究をおこなった今井[*11]の調査をみていこう。今井によれば、国語の教材は本来、母国語の理解力や表現力を育成するためのものであり、そのために議論が分かれるよう

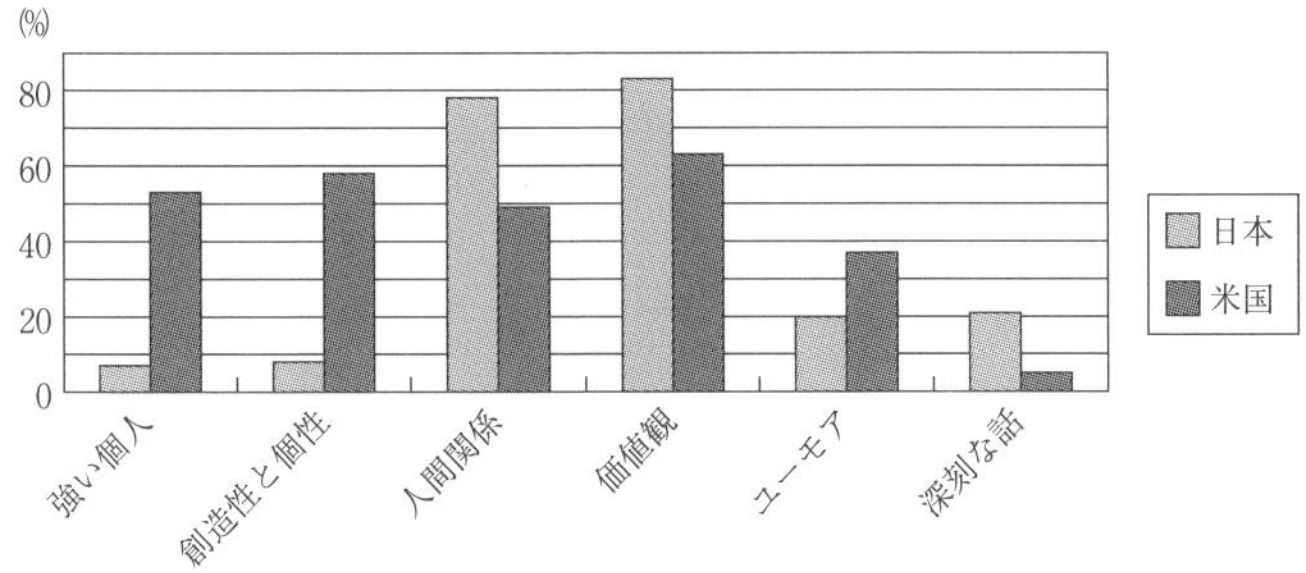

（注）今井（1990）に基づき著者が作成

図６　日米の教科書分析

なものよりは、一般的に最も受け入れられている価値観を題材やテーマとして取り扱うという。今井は日米の国語の教科書に採用されたテーマを調査対象とし、日本二一一編、アメリカ二〇九編の内容を比較分析した。図６は分析結果をグラフにまとめたものである。

アメリカと日本で頻度に差はあるものの、人間関係や価値観に関する教材は両国で人気があるテーマだ。アメリカに特徴的なのは自己主張や自立を描いた「強い個人」についてのテーマだが、日本ではほとんど取り上げられていない。頻度は少ないがアメリカと比べて日本が優位なのは「深刻な話」だ。親の病気、戦争、主人公の死など子どもにとってショッキングとも言えるテーマが、日本では二一件もあった。この題材については日本と比べて五件と少ないアメリカであるが、内容を吟味してみると、米国の五件は困難な状況下でも勇敢に立ち向かっていく人間模様を描いていて、状況を受け入れ、悲しみに耐える日本の人間観を描いたものと根本的に質が違う。また、子どもたちを取り巻く生活について、面白おかし

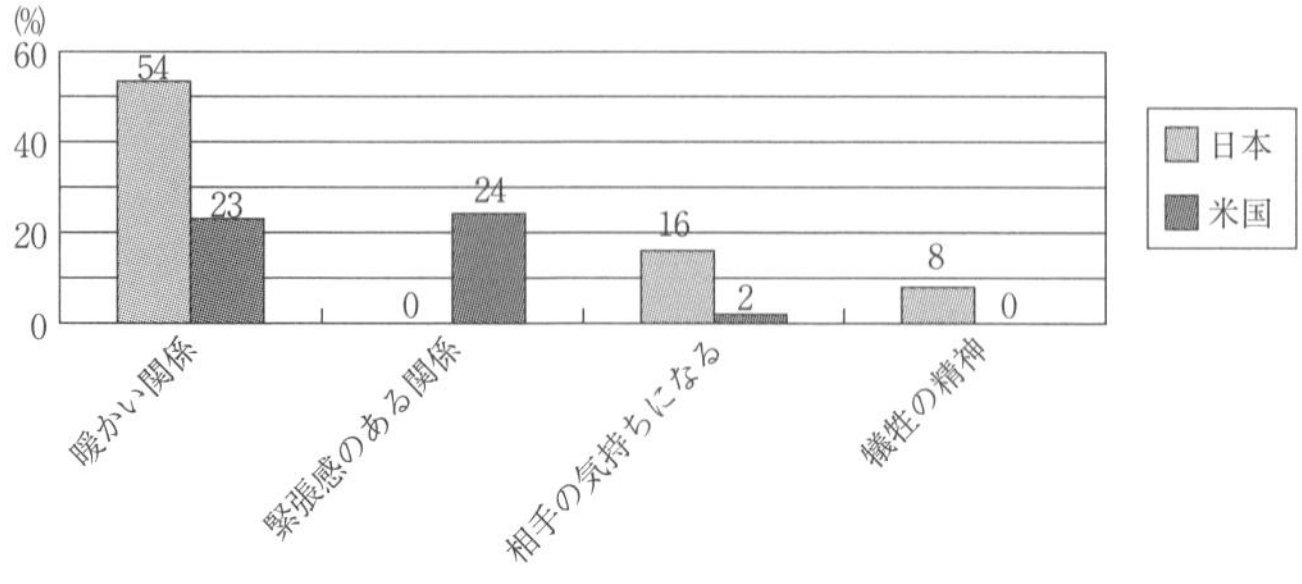

（注）今井（1990）に基づき著者が作成

図７　「人間関係」の内訳

くテーマ化している教材がアメリカは多く、アメリカ人のユーモアの精神を反映しているとも言える。

日本人の他者志向の価値観を反映しているのが「人間関係」についてのテーマである。日本は七八件と価値観に次いで人気のあるテーマであるが、アメリカも同様に人間関係をテーマにした教材が目立つ。一見日米ともに人気のあるように映る「人間関係」を扱った教材であるが、詳しくみていくとその内容は大きく異なる。図7をみてみよう。

日米両国とも親子、兄弟間、祖父母、友人との人間関係を描いたものがほとんどであるが、日本では対象となる相手にかかわらず、それらは暖かい人間関係を描写したものであった。それらは、かわいい妹や弟、仲のよいお友達、やさしいおばあさんなどについて語られたものだ。一方アメリカでは、親子間の関係について触れた話を除いては、緊張感のある人間関係を描写したものが多く、全体では約半数の話が緊張関係について触れたものであった。たとえば、おばさんと議論する様子を描いたものや、友人をつくる困難さを描いたものだ。日本では相手の気持ちになって考えることの大事さを取り上げたもの、また、犠牲の精神を描いたものが一般的で、このような緊張感を伴う人間関係を描いたものは皆無であった。一方、アメリカはちょうど日本の逆で、感情移入の大事さや犠牲の精神について触れたものはほとんど見られなかった。

国語の教材、またその教材の内包する教示的な題材は、子どもの心性形成にどのような影響を与えているのであろうか。今井が主張するように、国語の教科書の本来の目的は、母国語の理解力や表現力の向上の手助けをするものであり、ものの見方・考え方や価値観を直接的に教授するものではない。しかしながら言語的能力の向上が本来の目的であるがために、国語教材の内容は思想的に偏りのない、その文化でもっとも受け入れられている価値観を内包している。子どもたちはこのような教材との接触を通じて社会が期待する価値観を身につけていく。ヴィゴツキーや彼の後継者たちが主張するように、子どもたちが接触する「社会的他者」は人間に限定されない。子どもたちは彼らが従事する活動に存在する人工物との接触を通して、さまざまな文化的な知識や価値観に触れ、それらを学んでいく。つまり、日本の教科書が題材として人間関係の問題を多く取り上げているということは、それが日本では社会・文化的に重要であることを示していると同時に、子どもは日本社会が重視するテーマを内在する教科書を使った学習を通じて、社会の価値観を吸収しているということになるだろう。

7　日本的価値観の歴史的背景

しつけや学校教育についてみてきたが、日本人の特性であるこうした気持ち主義や人間関係を重視した価値観が形成された背景には、どのような歴史的事実が関係しているのであろうか。最後にこのような価値観が生まれた歴史的要因について考えてみよう。

東[*12]によれば、日本は「分け前的平等主義」であり、この日本人独自の平等思想の形成には、世界的にも稀な長期間におよぶ江戸時代の鎖国制度および階級・身分制度が多大な影響を与えているという。「分け前的平等主義」とは、同じ階級もしくは身分を有するならば平等な分け前が保障されるべきだとする価値観である。一方、対立する価値観として「規範的平等主義」があり、一人ひとりの人権の保障という基本思想をもとに権利やルールを平等にし、その上で公正な競争を期待したもので、アメリカの基本理念といわれている。日本は江戸時代、世襲的な身分・役割体制を基本とする官僚統治が行われた。社会的流動性が極端に低く、職業の選択も住居の自由もない閉鎖的であった当事の日本社会では、同じ地域社会に住む人々との関係を良好に保つことは大変重要なことだった。誰かが利益を享受すれば同じ階級に所属する誰かが損をこうむるという状況を考えれば、集団から突出した行動を慎み、不必要な衝突は避け、「横並び」的な価値観に根ざした行動様式が定着しても不思議ではない。

東は、政治体制や社会制度の特質が人の心のプロセスに影響を及ぼすにはかなりの時間がかかると述べたうえで、現代の日本人の基本的な人間関係の考え方には、世界の歴史でも稀な江戸時代の三〇〇年にも及ぶ鎖国制度と、閉鎖的な階級社会で築かれた価値観が深く影響していると推測している。こころの形成と歴史的背景の関係性を考える時、ここでもヴィゴツキー学派の活動理論が参考になる。子どもたちが従事する活動に存在する人工物に、このような価値観が通時的に含まれ、人工物との接触を通して価値観の刷り込みが起こっていると考えられるからである。たとえば前出の今井の研究でも明らかなように、日本の教科書には親和的な人間関係や相手の気持ちになって考えることの大切さを取り上げた題材が多い。教科書という「人工物」には、先代から受け継いできた人間関係における知恵が反映されているのだろう。こうした視点にたてば、現代日本人の特徴である相手の気持ちを察し、不必要な衝突を避けようとする人間関係重視の価値観は、歴史的に構築されてきたともいえるのである。

むすびにかえて

昨今、青少年によって引き起こされるさまざまな社会問題が紙面を賑わせている。青少年の凶悪犯罪、「きれる」子ども、いじめ、引きこもり、フリーターなど、日本社会が過去に経験したことがないような青少年の諸問題が社会問題となって明るみになっている。一見関係性がなさそうに見える青少年の諸問題もよく見ていくと共通に含まれる問題点として「人との関わり合い」が浮かび上がってくる。直接的ではないにしても、どの問題も人間関係がうまく保てないことが根本的な原因になっているように思われるからだ。

最近の総務庁が行った小・中学生を対象にした調査[*13]では、五人に一人が「人といると疲れる」、また、二割以上の生徒が「人は信用できない」と答えている。相手の気持ちを察し、人間関係を重視する価値観が日本人の特性として上げられることは本章で紹介してきた通りである。しかしながら昨今の青少年の諸問題に潜む人間関係の問題は、青少年の間で人と人との結びつきが希薄になっていることを示し、日本文化の伝統的な特徴である人間関係に基づく価値観や社会規範が本来の機能を失ってきていることを意味している。

ヴィゴツキーが主張するように、子どものこころは社会・文化的に形成される。子どもたちは、社会的他者や人工物との接触を通して、その社会が過去から受け継いできた知識や技能そして価値観を身につける。このような視点にたって昨今の青少年の問題を考えるならば、その問題の原因は実は子ども側にではなく、子どもを導く立場にある大人にあることに気づく。我々大人の間に従来の日本的価値観とは異なる価値観や社会規範が芽生え、それが子どもにさまざまな影響を与えている。それは急激に進んだ日本社会の欧米化の副産物なのかもしれない。

本章では、人が社会的な環境の中でどのように「文化」を取り込みながら成長するのか、我々の知識や心性の社会・文化的起源について考えてきた。学校で学ぶような知識や技能同様、青少年の事件が映し出す異質な価値観は、彼らが真空状態で身につけてきたものではなく、社会・文化的な環境の中で学んだものである。青少年の社会問題は、現代日本社会の価値観とその変容を検証し、日本人がどこに向かおうとしているかを再確認する必要性を示しているのかもしれない。

注

＊1 Singh, J. A. L. (1942). The daily of the Wolf-Children of Midonapore (India). 中野善達・清水知子(訳)『野生児の記録1 狼に育てられた子――カマラとアマラの養育日記』福村出版、一九七七年。

＊2 Kohlberg, L. (1981). *The philosophy of moral development*. New York: Harper & Row.

＊3 Vygotsky, L. S. (1978). *Mind in society*. Cambridge, MA:Harvard University Press.

＊4 Markus, H. R., & Kitayama, S. (1991). Culture and the self: Implications for cognition, emotion, and behavior. *Psychological Review*, 98, 224-251.

＊5 守屋慶子『子どもとファンタジー』新曜社、一九九四年。

＊6 東洋、柏木恵子、R・D・ヘス『母親の態度・行動と子どもの知的発達――日米比較研究』東京大学出版会、一九八一年。

＊7 電通総研・日本リサーチセンター『世界60カ国価値観データブック』同友館、二〇〇〇年。

＊8 Lebra, T.S. (1976) *Japanese pattern of behavior*. Honolulu, HI:The University of Hawaii Press.

＊10 佐藤淑子「幼児の社会的場面における自己制御機能の発達に関わる母親のしつけ」『家庭教育研究所紀要』一八巻、一三一～一四〇頁、一九九六年。

＊11 今井康夫『アメリカ人と日本人――教科書が語る強い個人とやさしい一員』創流出版、一九九九

〇年。

＊12　東洋『日本人のしつけと教育——発達の日米比較にもとづいて』東京大学出版会、一九九四年。

＊13　総務庁「低年齢少年の価値観に関する調査」二〇〇〇年（読売新聞、二〇〇〇年一二月二四日付け朝刊記事）。

対人コミュニケーションの心理

——人はなぜ説得されたり騙されたりするのか——

渡辺浪二

1　私は超能力の持ち主

当初から刺激的な言い方であるが、なぜ人は騙されるのだろうか。詐欺であれ、カルトであれ、なぜ「簡単に」引っ掛かってしまうのだろうか。性格的な原因があるのだろうか、それとも悪い星の下にでも生まれているのか。その答えは追い追い考えるとして、禅問答の応答のようだが『だからあなたは騙される』[*1]という本がある。その著者安斉育郎氏から、私は内輪の講演会で「ある超能力」を伝授された。この超能力の話から始めよう。私はこの超能力を心理学の初回授業で毎回披露するし、今回の市民講座でも惜しみなく実演した。ちょっとその光景を再現してみよう。

まず水の入ったコップ一つと、街でもらったポケットティッシュを一つ用意する。コップの上にティッシュでフタをして、逆さまにしたら水はどうなるだろうか。普通なら水はティッシュを破って床にこぼれてしまう。しかし、私には超能力があり、念力をかけると、あら不思議、ティッシュは破れず、水もこぼれない。これを超能力とよばずして何とよぼうか。何かタネか仕掛けがあるとお疑いか？　ならば、聴衆の方にやってもらおう。お一人の方を壇上に招いて、同じようにティッシュをかぶせ、コップを逆さまにしてもらう。すると当然ながら、ティッシュは破れ水は床にこぼれてしまう。そこで、私の超能力がまやかしでないことを確認するため、もう一回同じ事を繰り返す。もちろん、水はこぼれない。聴衆の方の驚きの声が上がる。「この人は本当の超能力者だ！」と。

気分を良くした私は本題の講義に入ろうとするが、このままでは納得していただけそうにない。仕方がない、私の超能力について真実を語ろう。まずティッシュペーパーであるが、これは家にあったものにある細工が仕込んである。何のことはない、開いて防水スプレーをかけてからもう一度折りたたんでしまい込んだのである。防水スプレーをかけられたティッシュは短時間なら水を通さない。タネも仕掛けもあるマジック、これだけのことである。問題はこのトリックをいかにもっともらしく見せるかである。自分でやっただけで終わってしまっては疑いが残るであろう。そこで、聴衆の方に実際にやってもらい、実際にティッシュが破れることを確認しておくのは不可欠である。しかし、そこで終わってしまっては疑惑が残る。その後、私が再度マジックをやることで「超能力」の信憑性が高まるのである。現実にはテレビ放送のように「本物の超能力者」という触れ込みではないから、信じる度合いは低いのであるが、それでも一瞬は超能力者と信じてもらえるかもしれない。

このようなトリックであるが、テレビ放送での透視術者や超能力者については、われわれは彼らが本当にそういう能力があると信じたいのである。騙されたいのである。そこに一つのカギがある。まちがってもネタが仕込んであるとか、サクラが紛れ込んでいるなどと「正しい」判断はしないのである。この講義では対人関係のコミュニケーションについて、なぜ人は正しい判断ができなくなるのか、なぜ人は好んで騙されようとするのかを考えながら、その答えを見いだしてみたい。

2　簡便な判断法（ヒューリスティックス）

最近の心理学では、人間を環境からの情報を処理する「情報処理者」としてとらえるようになってきた。われわれの環境には膨大な情報が溢れており、それは物理的環境ばかりでなく、対人的環境もあり、自分についての情報もあれば、他者についての情報もある。一般に、人は正確で、客観的で、合理的で、論理的な理解をする、あるいはそうしたいと考えているはずである。ところが、もしそのような「正しい」理解をしようとするならば、入力される情報をつぶさに調べ上げ、間違いのない確かな結論を導かねばならない。このために費やされる時間や労力は膨大なものとなってしまう。そこで、人はなるべく過去の知識を用いて、認知的に倹約をしようとする。

すなわちこれが「簡便な判断法」である。なるべく手間暇をかけないで、結論を導こうとするのである。通常このような情報処理の方法でも、多くの場合正しい判断のなされることが多い。しかし、時にはその判断法のゆえに誤った結論に陥ることにもなる。

このような判断法の事例を、ランガーとその同僚による興味深い研究から紹介してみよう。[*2] その実験では、コピーをしようとして並んでいる列に「コピーをさせて欲しい」と割り込んだのである。ただ「コピーを先にさせてくれませんか」と頼んだ条件では、割り込ませてくれたのはわずかに六〇％でしかなかった。しかし、ある条件では「急いでいるので、先にコピーをさせてくれませんか」と正当化できる理由を付けて申し出たところ、九四％の人が割り込みを認めてくれた。ところが驚くことに、もう一つの条件で「コピーをしたいので、コピーを先にさせてくれませんか」と頼んだところ、なんと九三％の人が割り込みを許してくれたのである。よく文章を読んで欲しい。ただ単に「コピーをしたいので」という理由にならない言葉を述べただけである。このことは「〜なので（英語で言えば because）」という理由が続くと思われそうな言葉があると、人は何か正当な理由があって依頼をしていると誤解をしてしまうのである。

このことは人がつぶさに情報を処理していないことの証しである。通常は前述の語法では正当な理由が述べられるものであり判断に誤りが生じることはない。しかし、正当ではない理由であっても、思いこみから何か理由があるのだろうと誤った判断に陥るのである。このような簡便な判断法を用いるわれわれは、決して論理的、合理的、客観的な判断をしているとは限らないということが理解できたと思われる。誤解を恐れずに言えば、われわれは楽をして簡単な答えを見いだそうとしており、その答えが非論理的、非合理的、主観的なものであることが少なくないのである。

3　誤りの確認バイアスから自己成就的予言へ

情報処理過程での誤りについては理解していただけたと思うが、実はそれでは終わらないのである。日常語で言う「思いこみ」は訂正されると期待されるかもしれない。しかし、実はそうではなく、さらに思いこみを強化していくという奇妙な事態に展開してゆく。血液型人間論は日本ではとりわけ好まれるテーマであり、挨拶代わりに血液型が話題にされる。血液型人間論が流行る背景には、性格の根拠を一見確たるものと思える物理的・生物学的基準に求めたいという願望、四種類のＡＢＯ血液型という類型の少なさ（分類するには好都合の数）などの要因があげられよう（血液型が原因で性格が異なって形成される可能性は低いとみてよい）。ここで血液型に言及するのは、他者が特定の血液型であると知らされた場合のわれわれの反応を考えるためである。

ある人の血液型がＡ型であると知らされてから会うとしたとき、その人とどのような会話をするであろうか。Ａ型を否定する質問をするであろうか、それともＡ型を確認する質問をするであろうか、あるいはまた否定も肯定もしない中立的な質問をするであろうか。答えは２番目であり、与えられた情報を確認するような質問をより多くするのである。このような確認のためのバイアス傾向は、シュナイダーとスワンによる統制された実験的研究で確認されている。[*3] この研究では男子学生が電話で女子学生と会話する設定であり、あらかじめ女子学生について「内向的」か「外向的」のいずれかの情報が与えられる。男子学生は会話で聞くべき評定のための形容詞を選ぶよう要請されるが、その際どのような形容詞が選ばれたか比較された。その結果、「内向的」と聞かされた男子学生は内向的な傾向を確認する形容詞を、「外向的」と聞かされた男子学生は外向的な特徴を示す形容詞を選んだのである。

確認バイアスは他者に対する行動の特徴を明らかにしているが、一方他者からA型であるとレッテルを貼られた人には何の影響もないのであろうか。実は確認バイアスはそれだけでは終わらない。A型であると「ラベル付け」された人の自己認知は、他者から見られた方向への変容を示しやすいのである。すなわち、A型の人は他人からA型と見られることにより、自分自身をA型の人間として受け止め、A型の特徴をより強めていく可能性が高いのである。もちろん、変容の度合いはその人の自己認知に依存し、それとの差異が大きすぎては期待通りの変容は生じにくいという限定はある。しかし、他者の期待に添った方向への変化は大いに可能性がある。このような現象は、自分の考えにしたがって行動が生じるという、いわゆる「自己成就的予言」とよばれる現象である。

4　他者への影響力

さて、少しずつなぜ騙されるかということへの手がかりが得られたかもしれない。ところで、騙される出来事の最たるものは詐欺、悪徳商法の勧誘、そして破壊的カルトのマインド・コントロールなどであろう。よく街頭でアンケートと称して話しかけてくる集団があるが、あのような手段に引っ掛かるのはよほど特別な人だと考えていないだろうか。特定の性格傾向の人が騙されるのであり、自分は大丈夫と思っているかもしれない。もし、そうならあなたも被害者になる危険性が多分にある。

他者に影響を与える心理的過程は、多くの場合自動的に生じてしまうものであり、アメリカの社会心理学者チャルディーニの手による一九九一年に出版された『影響力の武器』という書物では、その過程が詳しく論じられている。[*4] そこで紹介されているテクニックは決して摩訶不思議なものではなく、ごくありふれた心理学の手法に過ぎない。しかし、これらの手法が巧妙に、さりげなく組み合わされると人は容易に騙されてしまうのである。それらは、返報性、コミットメント、社会的証明、好意、権威、希少性などであるが、その手法を『影響力の武器』に基づき紹介することにする。

（1）お返しの心理——返報性の規範

わかりやすい例を一つあげてみよう。あなたは今スーパーマーケットの食品売り場にいるとしよう。そこではマネキンさんがウインナー・ソーセージの試食販売をしている。あなたは試食のソーセージを差し出されて思わず受け取り、食べてしまった。その結果、おそらくある思いにとらわれるはずである。「買わなければいけない」と。その思いは、試食品を食べた事による「借り」から生じたお返しの気持ちである。もちろん、お返しはしなくても良いのであるが、借りは残る。しかし、真っ当な大人は借り放しではいけないから、そこで「まあ一つくらい良いか」と買ってしまう。これは「返報性（互恵性）の規範」とよばれるワナに引っ掛かったためなのである。なかには、いや私は買わない、と言う人がいるかもしれない。そういう人でも試食した場所から離れる際、「今日のウインナーはちょっと味が落ちるね」とか「家に買い置きがあるから今日は要らないね」などと、よそ様に聞こえるように独り言を言ったりはしないだろうか。これは返報性の規範を破った罪悪感を紛らわすための弁明と解釈することができる。かくして、試食品は食べてしまうと、買うにせよ、買わないにせよ心穏やかではいられないのである。

この返報性の規範は強力なものである。だから、私は勧められたウインナーも決して食べないし、紳士服店では店員から試着を勧められても決して試着室には入らないし、靴屋では店頭にないサイズがあるかどうかは決して尋ねないことにしている。ところで、この返報性の規範は際限なく有効なのであろうか。明らかにお返しを求められているのがわかっていても、それに応じるのであろうか。答えはノーである。好意を示しても、露骨に見返りを求めていると見られるなら、逆に不快感を抱かせてしまう。度の過ぎたお世辞がその例である。いわゆる心理的反発（リアクタンス）を生じさせてしまうのである。これに関連して、売上高がトップであるというマネキンの女性の話を思い出す。その女性のテクニックは極めて簡単であったが、非常に興味深いものである。彼女はウインナー・ソーセージの試食を客に勧めるとき、手にしたウインナーを客に向けながら、視線を客からそらして別な方向を見るというのである。普通なら手にしたウインナーを勧めながら相手の顔を見る、という方が理解しやすい。なぜこのような方法を採るかというのは、おそらく心理的反発を起こさないように、適度な返報性の規範の喚起に留めているからだと思われる。「相手の目を見て」というのは決して良いとばかりは限らないのである。

（2）コミットメント——言ってしまったこと

コミットメントとは実際に行動する、あるいは関わりをもつということである。わかりやすい例として、人から好かれたいと思っている人はどうすれば好きになってもらえるか考えてみよう。まず考えるのは、説得であろう。自分がいかに魅力的で、有能で、性格的に明るいか分からせる方法である。しかし、このような方法では時間がかかりすぎ、おそらくしばらく恋愛は成就しないであろう。私ならば好きになって欲しい相手に「あなたが好き」と言わせてしまう方法を選ぶ。それもなるべく少ない報酬で（時には若干の脅しでもよい）、他人のいる前で言って貰う。おそらく順序が逆ではないかといぶかしがることと思う。なぜなら、好きになってもらわなければ、「好き」とは言えないはずだからである。

好きになる前に「好き」と言わせる手法は、実際に言わせてしまえばかなり強力な効果をもたらす。これは社会心理学の古典的理論となったフェスティンガーの認知的不協和理論[*5]によって明快に説明される。それによると、人は相容れない二つの考えを同時に保持できない。このような状態は不協和とよばれ、不快である。そこで、人は一方の考えを変えることによって不協和を低減し、協和状態にしようとするのである。先ほどの例で言えば、「好き」と人前で言っておきながら、嫌いという考えを保持するのは不協和である。そこで、ホンのわずかな報酬しか与えられないで好きと言ってしまったのは、少しでもホントに好きな気持ちがあるからだ、という考えに思い至るのである。こうなればしめたもの、相手はあなたを好きになってしまったはずである。しかも周りには証人もおり、彼らはそこまで言うのは少しでも好きなところがあるからだ、と後押ししてくれるはずである。どんなにやむを得ない事情があっても、他者の公的になされた言動は真実の吐露であると認める傾向が、われわれにはある。たとえ、ピストルを突きつけられて言わされたとしても。

（3）他の人は何を考えるか――社会的証明

社会的証明とは他者がどう考えるか、どう行動するかという問題である。わかりやすい例で考えてみよう。昨今の高校生は（とつい年寄じみた言い方になるが）、女子生徒はルーズソックスにスカートのたくし上げ、男子高校生は逆に脱げんばかりにズボンをズリ下げるのが流行っているようだ。なぜそのような格好をするのかと問うと、おそらく「皆がそうしているから」という答えが返ってくるであろう。大人の反論は、他所の人は他所の人、わが家は違う、というものである。しかし、このような大人の論理が聞き入れられることは、まずない。そして、子どもの「皆が同じ格好をしているから」という論理には抵抗しがたい点もあるのだ。実は、われわれ大人も自分の行動の妥当性を考えるとき、他者が同じように考え、行動するかいつも気になるのである。他者が自分と同じ考えをもち、同じ行動をしているならば、自分は社会的に妥当性（合意的妥当性とよぶ）を備えた人間であると自信を持つことができる。したがって、常に他者の目を気にしながら、もう少し表現を変えるならばわれわれは他者を基準として、その比較において自分を評価していくるのである。残念ながら、他人と関わりなく、人が独立独歩のユニークな個人として生きていくことは結構辛いことなのである。

不慣れな場面や初めての経験では他人の行動はモデルとして参考になる。それに習っておけば合意的妥当性は獲得できるので、恥はかかないですむ。そういう意味では自分らしさを考えず、他人に合わせるというのは「簡便な判断法」のメリットである。しかし、落語の「本膳」という咄（庄屋の格式高い食事に招かれた作法・礼式を知らない八さん熊さんたちが、手習いのお師匠さんの振る舞いをすべてまねて結局はドタバタの不作法になってしまう）のように、とんだ結末になるとも限らない。

しかし、まったく他人と同じでは自己が他人の中に埋没してしまうことになりはしないだろうか。そういう危険性もないわけではなく、そこには「ユニークでありたい欲求」も存在する。したがって、ほとんどは他人と同じような振る舞いをするが、ほんの少し自分らしさを表現する。たとえば、女子高校生は冬になると絵に描いたように全員バーバーリーのマフラーを身につけるが、結び目や、左右の長さをわずかに変えることで人と違った自分を見せるのである。しかし、間違ってもバーバーリー以外のブランドを買うといった、冒険はできないのである。それではあまりにも他人と異なってしまい、自分は浮いてしまうからである。

(4) 好意——好きにさせればこっちのもの

好きな人からものを頼まれるとイヤとは言えない。これにはほとんどの人が同意するであろう。そうであるなら、人に好意を持たせれば、その人に対する影響力を高めることができるはずである。そこまで操作的ではなくとも、人に好かれることは自分にとって報酬的であるから、若者は恋の第一歩として、年齢の行った方は対人関係をスムーズにする方略として、好意を得る方法を学ぶことは望ましい。ここは少し詳しく述べておこう。

「美少女はウソをつかない」という暗黙の了解があるようだ。もちろんそれが真実であることはないのだが、「身体的魅力」(とりわけ顔の魅力)が高いことは有利であり、好意を得るための大きな要因である。ブルとラムズィによる『人間にとって顔とは何か』[*6]という書物があるが、そこでは身体的魅力がいかに好意をもたらすか、多くの研究が紹介されているので、ぜひ一読をお勧めする。ただ、最近、身体的魅力が好意をもたらすのであれば、「プチ整形」というような物理的な方法を駆使して「美」を獲得してもよいではないかという風潮がある。二重まぶたに留まらず、シワ取り、鼻の整形、豊胸等々ありとあらゆる身体的部位が整形の対象になっている。これは「外見の商品化」と批判的にとらえることもできるが、一方では身体的魅力の効果を喧伝してきた心理学の知見が実践されるようになったとも考えられる。しかし、そうなると「美しくないもの」への差別化、偏見を生むということもありうるし、内面的なものよりも外見だけで人を見るという軽薄な結末に至る可能性がないわけではない。そういう危険性があることにも警鐘を鳴らしておく必要がある。

遠くにいる人よりも近くにいる人、という諺がある。これは「近接性」の要因とよばれるものである。同じ職場、同じクラス、同じサークルといった理由で恋に落ち、結婚に至るケースは非常に多い（ただ、これには後で述べる「類似性」の要因が、同時に含まれていることも多い）。近くにいれば接触頻度も高まるし、何かと自分のプラスになることが多くなる。遠距離恋愛とは美しい響きであるが、すぐ会えないということから現実には厳しいものがある。もっとも、最近のＩＴ文化の発展にともない、携帯電話、インターネットなどコミュニケーションの手段は格段に増えているから、五年前、一〇年前とは隔世の感があるかもしれない。それでもやはり、手の届くところにいることが重要であり、バーチャル空間ではそれ満たすことは不可能であろう。

ところで、朝の連続ドラマに「はまる」人は少なくないであろう。かくいう私もつい文句を言いながら見てしまう一人である。なぜ見てしまうのだろうか。役者が上手いから、内容が面白いから、などなどいろいろな理由を挙げるかもしれないが、番組が切り替わったときのことを思い起こして欲しい。多くの場合、見慣れた番組への執着から、新番組は面白くない。つい文句を言いたくなる。それが習慣からでも見続けていると、特に違和感を抱かなくなり、ふと気づくとテーマソングを口ずさんでいる自分を発見して驚く。そして、新番組の脚本が良いとか、役者が良いとか、好意的な評価がポンポン出てくる。この変化はなぜだろうか。ザイエンス[*7]という研究者によれば、見れば見るほど（会えば会うほど）好きになるという「単純接触効果」によるものだということである。近くにいれば人を好きになるというのも、要は会う頻度が増えるためと解することができよう。なるほど連続ドラマが面白く感じられるのは、内容が面白いからではなく、毎日見ているから面白い、と因果関係は逆転するのである。人を好きになる、好きにさせるにはなるべく多く会うことである。会わなくても分かることは、そう多くはないということであろう。

好意を生み出す最大の要因は「類似性」である。自分に似ている人は好きになる。その逆の好きな人は似ているという「想定された類似性」という要因もあるが、これは投影であり、そうあって欲しいという願望ととらえることができる。類似性においては、似ているものは何でもよい。初対面の人が同じ郷里の人であったとき親近感を覚えた経験があろう。出身が同じ県でもかまわないが、もし同じ市、同じ町村なら、何十年も旧知の間柄のような親しみを覚えてしまう。また、同じ場所に旅行したことがあれば、その町のことで話が盛り上がり、時も忘れてそのときの思い出を語ったことがあるだろう。このように出身地、出身の学校、専門（学部、学科）、趣味、好きなプロ野球チーム、行った旅行先等、様々な類似性の手がかりをあげることができる。

ところで、なぜ似ているとその人を好きになるのだろうか。似ていることが直接的に好きにつながるというよりも、似ていることで自分の合意的妥当性を獲得でき、それが結果として好意を生むというプロセスをとる。すなわち、私は日本酒が好きであり、同じく日本酒が好きな人がいるとしよう。その人は酒席において、日本酒の銘柄やら味わいやらで「あなたの好みは真っ当である」と私を承認してくれる、すなわち合意的な妥当性を与えてくれる、だから好きだという具合である。もちろん、この類似度は似ていればいるほど好意を生む。日本酒が好きというだけではなく、日本酒でも山形の何とかいう銘柄が好きとか、純米よりは大吟醸が好きとなれば、これはもう最高の好意を捧げたいということになる。

（5）権威――長いものには巻かれろ

もうひとつわれわれが弱いものがある。それは権威の力である。軍隊における上官の命令、会社での上司の指示など、従わざるを得ない影響力がある。その際たる事例として紹介されるのが、ミルグラムという研究者による「アイヒマン実験」とよばれる研究である。[*8] その実験では、「学習におよぼす罰の効果」の研究という名目が掲げられ、先生役の被験者が学生役の実験協力者（いわゆるサクラ）の間違いに対して電気ショックを与えることになっていた。この実験は非常に巧妙に構成されていて、実験協力者はプログラム通りに間違いを答え、被験者はそれに対して強度を徐々に上げざるを得ない（上昇系列だけの）電気ショックを与えなければならない。実際に電気ショックは与えられることはなく、実験協力者はどの強度に達したかが前に置かれたボードで分かり、その強度に対応した痛みの偽りのパフォーマンスを表出したのである。被験者の押す電気ショックのボードには、「非常に危険」など身体的な危害を加える恐れがあることを示す表示が加えられていた。さて、被験者は学生が苦痛を露わにし、実験の中止を訴えたときどうしたであろうか。恐るべき事に、被験者のほとんどは最終電気ショック強度のボタンを押してしまったのである。もちろんそれが身体的危害を加える可能性があると知っていたにもかかわらず、である。先生役の被験者は途中でボタンを押すのに躊躇するにはしたが、研究者が責任は自分がとるから実験を続行するようにという命令に従ってしまったのである。事前の精神科医に対する調査では、最終強度ボタンを押すような人は普通の人ではないという意見が大半であった。しかし、結果は見ての通り。権威者からの命令にはわれわれは弱いのである。

　責任が逃れられるから権威者に従うということばかりではない。カルト集団の場合、教祖の命令で犯罪を起こしてしまった信者の心理には、さらに複雑な要因が入る。すなわち、教祖の理不尽な命令に疑問を持たないわけではないが、理不尽であればあればあるほどその命令には意味があるはずだと考えてしまうのである。命令は自分の信仰を試すための「試練」と理解するのである。自分の信仰が試されているのであるから、命令に意味がないわけがなく、信奉する教祖が邪な行動をするわけがない、のである。まさに、みずから自分を納得させるための説得をしているとみてとることができる。

ミルグラムの研究結果は衝撃的なものであるが、ベトナム戦争中の一九六八年に起こったソンミ村虐殺事件(上官の命令で非武装の村民五〇四名を殺戮したというもの)を説明するには十分な証拠を提供する。そのような異様な状況ではなくとも、私たちの生命の安全に関する問題にも関係しているのである。あまり考えたくはないが、医療場面で医者の指示や処置が誤っているようなことはないのだろうか。飛行機の機長は操作を間違えることはないのだろうか。もしそのような状況に置かれたとき、スタッフは上司である医者や機長の誤りを訂正し、正しい処置を執るように勧めるであろうか。残念ながら、私たちの期待するような答えは得られないようだ。あらかじめの調査において、上司の指示が誤っていたらどうするかと聞かれると、多くのスタッフは誤りを訂正するだろうと答える。しかし、実際にそのような事態に直面したときは、まさか間違った指示をしたとは考えない傾向が強く、患者や乗客の命を奪う危険性があっても、上司からの誤った指示に従ってしまうことが多いというのである。ここにも権威の力を見て取ることができる。

（6）希少性——現品限りの罠

スーパーや量販店などで買い物をしていると、「展示品・現品限り」と正札の着いた品物に出くわすことがある。このような商品に出会うと心穏やかではいられない。それが実際に求めていた商品ならお買い得であり、買ってしまえば満足この上ない。しかし、あっても良いなと思う程度の商品であると悩みは深い。ましてや、そこに「本日限り」と付け加わっていてはなおさらである。もし、ここで買わないで売れてしまったなら、ひどく損をした感じになる。とはいえ、これは機会損失に過ぎず、買わなければ出費はないわけだから、損をしたというのは論理的には奇妙であるが、なぜかそういう気分になる。一方、絶対必要とはいえない商品であっても買った場合は、出費をしたにもかかわらず何かとても得をした気持ちになる。しかし、そういう事情で買ったものは、実際利用されることはあまりなく、不用になることもこれまた早いかもしれない。

それにしても、なぜわれわれはこのような希少性に弱いのであろうか。一つの理由は、残り物には福があるという諺があるが、同様に希少なものには価値がある、魅力的に感じられるという思考の罠である。ダイヤモンドに価値があるのは希少性によるものだが、だからといって数少ないものにすべて価値があるというものではない。これは誤解であり、冷静に考えれば分かることである。残り物には訳があるし、何らかの理由があって売れ残っているのである。

もう一つの理由は、すでに返報性の規範で述べたが、ブレームという研究者のいう心理的反発（リアクタンス）である。[*9] その考えによれば、われわれには「自由に」物事を決定し、「自由に」それを実行する権利があるという思いがある。この自由は「勝手気まま」と考えて良いようなものであるが、それでもその自由が脅かされると不快であり、その脅かされた自由を回復しようとする行動をとる。「現品限り」というのがまさにそれにあたる。たくさん品物があれば、そして明日も売っていれば自分が自由に買うことができるが、現品限り、本日限りでは相手から自由に買う権利を奪われたに等しい。そこで、みずから現品限りの商品への魅力を高め、それを買うことで奪われた自由の回復を図ろうとする、と解釈できるのである。

日頃の経験からも、「現品限り」とあっても後日その商品売り場に行くと、往々にして品物は売れ残っている。「本日限り」、「現品限り」は相変わらず継続していることを知るのである。今ここで、本当に必要かどうか、冷静になって考えれば答えはおのずと明らかなはずである。もし、売れていればご縁がなかったと思えばよいだけのことであり、売れ残っていればなぜ売れないかをじっくり考えてみればよい。ここでは購買行動にしか言及しなかったが、対人関係においても同様であり、「今、ここで」しか得られない出会いのチャンス、というような謳い文句に出会ったときには心すべきである。赤い糸や一目惚れとは縁遠くなるかもしれないが、縁があればまたそのチャンスに巡り会える、と達観した方が間違いは少ないと思われる。

5 説得よりも行動

さて、ここで人に説得するような影響力の実践例を考えてみよう。たとえば、友人をスキーに連れて行きたいと考えているとき、あなたならどうするだろうか。行きたがらない友人に、あなたはどれほどスキーが楽しく、どれほど雪景色が美しいか、客観的、合理的、論理的に説明するであろう。そして、なかには説得に応じて一緒に行ってくれる友人がいるかもしれない。しかし、多くの場合友人は頑ななもので、寒いし、骨折する危険性があるし、金銭的にも高いし、時間的余裕がないなどと様々な理由をあげて抵抗するであろう。そうなるとお手上げで、いかに説得が空しいか思い知らされる。しかし、ここであなたはめげずに「じゃ、一度だけで良い、とにかく行こう。一度ゲレンデに出れば後は温泉に入っていて良いから」と続けるかもしれない。そこで、友人は温泉の誘惑に負けてスキー場に行く羽目になる。ここまで来ればおそらく友人はスキー愛好者になるはずである。あの滑る快感と雪景色の美しさに出会ってスキーを嫌いになるはずがない。時にはこのように説得よりも、とにかく行動に移させてしまうという手法の方が有効な場合も少なくないのである（上の実例は、スキー嫌いだった私自身で証明されている）。

このような手法をもう少し正確に述べると、フット・イン・ザ・ドア技法とよばれるものである。この手法は訪問販売のセールスマンがよく使う方法として有名なものである。最初に小さな要請を受け入れさせ、その後に大きな要請を受け入れさせるというものである。その方が、最初から大きな要請を出すよりも受諾率が高くなるのである。セールスマンは商品を売り込む前にまず玄関に入れて貰い、その後に商品を売り込むのであるが、大事なのは玄関に入る一歩である。新聞の勧誘の人が、購読しなくてもいいから、まず一月試しに無料にするから読んでみてと勧めるのは、この好例である。一月後、購読を断る人はほとんどいないであろう。なぜこのような結果になるかというと、コミットメントで述べた不協和の過程が関与している。実際に一月購読してしまったことは、その新聞を嫌いではないからだと納得し、ではもう少し続けてみようと考えるのである。

スキーへの誘いに用いられている分には、フット・イン・ザ・ドア技法も害は少ないが、悪徳商法、カルトの勧誘などで有効に利用されているとすると問題である。街中で「アンケート調査です」と言って質問してきたり、「手相を見させてください」と依頼をしてくる人たちがいるが、ほとんど何らかの勧誘の手がかりに使っている。アンケート調査なるものはほとんどが回答内容には関心を持っておらず、会話のきっかけとしての見せかけである。そこから話の穂を繋ぎ、次なる大きな要請を行い、それを断りにくいようにする。そして、高価な化粧品を売りつけたり、モデル登録料を払わせたり、カルトの勧誘センターに連れて行こうとするのである。ネズミ講のようなマルチ商法の場合は持続的に金銭の収奪が行われ、カルト宗教の場合なら入信・布教活動への道という、さらなる大きな要請が待っている。ひとたびこの罠にはまると、戻ってくるのはなかなか困難である。試しにとか、一度だけなら、という言い訳では済まなくなってしまうのである。したがって、向こうから接近してくる見知らぬ人には、残念ながら知らぬ振りをするのが賢明なのだろう。

フット・イン・ザ・ドア技法について述べたので、それに関連しドア・イン・フェイス技法についても触れておこう。この技法は先に大きな要請を出して断らせ、その後に小さな要請を出すというものである。このようにすると、最初から小さな要請を出すよりも受け入れられやすい。その背景にある心理過程は、これも先に述べた「お返しの心理」である。相手が譲歩してくれたのだから、こちらもお返しに譲歩しなければ悪い、という気分になるのである。考えてみれば、相手は勝手に要請をして断らせ、結局は小さな要請とはいえ受け入れさせられるのであるから、理に合わないことである。そして、万一、小さな要請を受け入れてしまえば、次にはまたしてもフット・イン・ザ・ドア技法が待ちかねているということにもなりかねない。恐るべし。

6　騙されないための防衛法

授業で破壊的カルトやマインド・コントロールの話をすると、学生の反応の多くは「カルトは怖い」という素朴なものである。そして、カルト宗教は怖いもの、マインド・コントロールは洗脳と思い込み、関心を向けないようにする傾向がうかがわれる。拒絶反応といってよいであろう。

怖いと感じるのは誤りではないが、それだけではよい防衛方法にはなりえない。

チャルディーニによれば、説得勧誘のプロは強引に影響力を行使しようとするのではなく、相手の力を利用しているという。すなわち、柔良く剛を制す、という柔道の極意であると表現する。柔道で無理矢理投げに入ろうとしても技を決めるのは難しいが、相手の出るタイミングを見計ってほんの少しの力を加えれば相手を投げ倒すことができる。この考えは、人がなぜ騙されるのか、という疑問に答える良いヒントになっている。人はみずから騙されたいのである、という理由でもある。騙す側の人も同じであり、騙されないと頑なになっている人には思いがけなく技が掛けやすい。むしろ、自然体で受け流す方が技は掛けにくいのかもしれない。

また、自分の自動的な反応については、判断を遅らせるという方法も有効であろう。少し考えてさせて欲しいと言うと、希少性でも触れたが「今、ここで、すぐに」決断しないとチャンスを失う、などと強く迫られることがある。これは考える余裕を与えないための方略である。クーリング・オフのために一定の猶予期間が設けられているのは、強圧的な説得に屈しても、冷静に考える時間があれば的確な判断が可能になると思われるからである。

そして、結局もっとも必要なことは相手をよく知ることである。そして、相手の影響力について考え、自分の自動的な反応に注意を向けることである。学生の授業での反応のように、関心を向けないで思考停止をしてしまっては敵の思うつぼである。悪徳商法であれ、カルト宗教であれ、それらについて情報を収集したり、考えたりすることは決して愉快なことではない。しかし、みずからを守るためには敵を知ることから始めるしかないのである。カルトのダミー団体の募金活動に騙され、観光地では某国ＣＩＡの一員という輩に偽物を買わされそうになった当事者は、かく言う私である。したがって、騙しのテクニックを学んだからといって防衛できるものではないが、自省する機会は増えるはずである。

最後に、影響力の技法を学んだ感想として、騙しのテクニックを研究し、教えるようなことこそマインド・コントロールのような手法を学習させているのではないか、という疑問を持ったかもしれない。まさにマインド・コントロールの技法は、影響力の技法を反社会的な目的のために集大成されたものであると言ってよい。しかし、教育、カウンセリングのような対人サービス場面で有効に使われるのも影響力の技法なのである。その大きな違いは、技法の効果についてのインフォームド・コンセントが確保されているかどうかにかかっている。要は、どのような用い方をされているか、どこまでが許されるか、そして否定的な効果を明示的に知らせるかどうかという問題なのである。したがって、影響力の過程を研究することこそ、悪意ある利用に対する防衛法を提供することになるのである、と私は信じている。

注

＊1　安斉育郎『だからあなたは騙される』角川書店、二〇〇一年。

＊2　Langer. E., Blank, A., & Chanowitz, B. 1978 The Mindlessness of ostensibly thoughtful action: The role of "placebic" information in interperspnal interaction. *Journal of Personality and Social Psychology.*

＊3　Snyder, M., & Swann, W. B., Jr. 1978 Hypothesis testing processes in social interaction. *Journal of Personality and Social Psychology*, 36, 1202-1212.

＊4　ロバート・チャルディーニ（社会行動研究会訳）『影響力の武器』誠信書房、一九九一年。

＊5　レオン・フェスティンガー（末永俊郎監訳）『認知的不協和の理論——社会心理学序説』誠信書房、一九六五年。

＊6　レイ・ブル、ニコラ・ラムズィ（仁平義明監訳）『人間にとって顔とは何か』講談社ブルーバックス、一九九一年。

＊7　Zajonc, R. B. 1968 Attitudinal effects of mereexposure. *Journal of Personality and Social Psychology Monograph*, 9, 1-27.

＊8　スタンレー・ミルグラム（岸田秀訳）『服従の心理』河出書房新社、一九九五年。

＊9　Brehm, J. W. A 1966 *Theory of Psychological Reactance*. Academic Press.

参考文献

今井芳昭『依頼と説得の心理学——人は他者にどう影響を与えるか』サイエンス社　二〇〇六年。

西田公明『マインド・コントロールとは何か』紀伊國屋書店、一九九五年。

アンソニー・プラトカニス、エリオット・アロンソン（社会行動研究会訳）『プロパガンダ』誠信書房、一九九八年。

言語コミュニケーション・サスペンスシリーズ園緑《そのみどり》の事件簿Ⅰ

「逢うや逢わずや誘拐事件」

――声紋分析による発音規則の解明――

齋藤孝滋

1　目的

本稿は、次の日本語音韻に関する重要事項Ⅰ、Ⅱについて、読者の皆さんに、「言語コミュニケーション・サスペンスシリーズ　園緑の事件簿Ⅰ『逢うや逢わずや誘拐事件』」の事件を解決する体験の中で、理解していただくことにある。

Ⅰ「拍（はく）＝モーラ」という発音単位と、拍構造の存在

Ⅱ　母音、半母音、摩擦音、連母音の特徴

2　方法

今回は、なんと、フェリス女学院大学文学部コミュニケーション学科の齋藤じょるじゅ教授が

誘拐されてしまうのである。そこで皆さんには、最初の監禁場所にあった、じょるじゅ教授の謎のメッセージ「闇宵《やみよい》や　逢《あ》うや　逢わずや　初陣《ういじん》ぞ　↑　」を解読し、事件を解決してじょるじゅ教授を救出していただく。メッセージ解読と事件の解決には、「じょるじゅ教授の講義」で展開された「1目的」で挙げた「ⅠとⅡ」についての音響音声学的見識分析（声紋分析による見識）が必要となる。読者の皆さんには、じっくりとじょるじゅ教授の講義を理解した上で、是非とも事件を解決し、じょるじゅ教授を救い出していただきたい。

なお、必要な音声（【HP音声】）については、フェリス女学院大学の次のHPにアクセスしてお聴きいただきたい。http://sonomidori.at.webry.info/

3　「逢うや逢わずや誘拐事件」

(1) プロローグ

この物語は、フェリス女学院大学文学部コミュニケーション学科で学ぶ、園緑《そのみどり》とその友人達が、言語コミュニケーションの専門的知識を縦横無尽に駆使し、難事件を解決する物語である。

(2) 事件発生

二〇〇×年七月一七日、いよいよ前期最後の「じょる授業」（じょるじゅ教授の授業の略称）も終わり、試験期間に突入というその日、じょるじゅ教授が何者かに連れ去られるという事件が発生した。

じょるじゅ教授は、大学近くのレストランで開かれた「前期授業打ち上げゼミコンパ」の後、緑園都市駅前のベンチにすわり、やけに美しい月を眺めながら、新作ダジャレを考えているうちに、ウトウトしてしまったのである。そんなとき、黒塗りのワゴン車がやってきて、あっという間に、ベンチごとじょるじゅ教授を連れ去ったのである。じょるじゅ教授は、夢の中で全く気づかない様子だったらしい。この事件は、目撃者が数名いたことなどから、簡単に解決するかと思われたが、捜査は難航した。

（3）箱根の温泉宿にて

七月二五日、誘拐犯の甲斐悠介《かいゆうすけ》は、共犯の門若志太郎《かどわかしたろう》に話しかけた。

悠介　「志太郎、先生は、いまどうしていらっしゃる？」

志太郎「はい、また、温泉に入って、ダジャレを考えているご様子です。ほんとに、あの先生、温泉好きでダジャレ好きでいらっしゃいます。」

悠介　「そうか……。ところで、今日、ボスから指示のメールが届いた。」

志太郎「いよいよですか。」

悠介　「ボスの指示は、八月○日に行動を起こすこと。まず、○○時○○分に来るバスに乗ってくる【A】（人物の姓）に【B】（武器の名称）を渡す。その後、【C】（人物の姓名）という女性が停留所のすぐそば、【D】（地名）の【E】（人物の姓）ビルの一室に事務所を構えているから、そこまで、先生をお連れして、我々は三億円を受け取って、新横浜駅に向かう。そして次の指示を待つということだ。ただ、そろそろここも、警察に感づかれる危険性があるから、明朝、また別の場所に移動することにしよう。準備しておいてくれ。」

志郎　「了解です！」

そして、七月二六日の早朝。

悠介　「志太郎、先生が温泉から上がったら、移動する。それから先生に風呂上りのブルーマウンテンを忘れないように。」

志太郎「了解です。おや？　悠介さん、柱に落書のようなものが……ダジャレでしょうか？」

柱にあったのは、次のような文字と記号である。

「闇宵《やみよい》や　逢《あ》うや　逢わずや　初陣《ういじん》ぞ　↑　」

悠介　「えっ！　まさか、何かのメッセージじゃないだろうな。その落書きを読んでみてくれ！」

志太郎「ヤミヨイヤ　アウヤアワズヤ　ウイジンゾ　そして上向きの矢印が……。」

悠介　「ん？　それじゃあ、次は、逆さに読んでみてくれ。矢印は逆さに読めっていう指示かもしれない。」
志太郎「ゾンジイウ　ヤズワアヤウア　ヤイヨミヤ。」
悠介「んー。そうだ、ローマ字に直して、逆さによんでみてくれ。」
志太郎「えっ……そんな……無理ですよ。ヤミヨイヤの部分だって、ayioyimay……全然読めませんよ。やっぱり、メッセージじゃなくて、ただのダジャレじゃないですか？」
悠介「んー。というより、和歌の創りかけかもしれないなあ。」
志太郎「そうでしたか。全然ワカりませんでした……なんちゃって。」
悠介「……（寒っ！）。」
そして、悠介たちは、じょるじゅ教授を連れて、次の潜伏先へ向かったのである。
この「和歌の創りかけ」のようなもの（実は「短歌の上の句」）こそ、じょるじゅ教授のメッセージだったのである。じょるじゅ教授は、悠介が志太郎に伝えた彼らのボスのメッセージをひそかに聞いていて、この「短歌の上の句」に、今後の悠介たちが、行動を起こす日と、「【A】（人物の姓）、【B】（武器の名称）、【C】（人物の姓名）、【D】（地名）、【E】（人物の姓）、そして、【A】が乗ってくるバスの時刻の情報を、すべて盛りこんでいたのである。
このメッセージは、じょる授業を受けたことのない誘拐犯には解読困難であったのである。
（4）園緑《そのみどり》登場
七月二六日昼下、警察は、じょるじゅ教授らしき人物が箱根某所の温泉に監禁されているという情報を得て、県警の山手警部、元町刑事がかけつけた。しかし、ときすでに遅く、監禁場所はもぬけのからだった。ただ、部屋の壁に、じょるじゅ教授の筆跡で「短歌の上の句」らしき次のような「文字と矢印」が記されていたのである。

「闇宵《やみよい》や　逢《あ》うや　逢わずや　初陣《ういじん》ぞ　↑　」

山手警部と元町刑事は、この「短歌の上の句」らしきものを、事件にかかわる何らかのメッセージであると考え、いろいろと分析しようとしたが果たせず、大学関係者、特に「じょるゼミ」（「じょるじゅゼミ」の略称）の学生に、このメッセージについて尋ね、手がかりを得ようとした。そんな中で、このメッセージの解読に、果敢に挑み、成功したフェリス生がいた。文学部コミュニケーション学科二年園緑《そのみどり》である。緑は、その年度前期に開講されたじょるじゅ授業「話しことばを分析する」で習得した日本語音韻論と音響音声学の知識、特に声紋分析の手法を駆使し、解明に成功したのである。

4　謎の解明へむけての「話しことばを分析する」授業内容　その一

ここでまず、緑が、受講していたじょるじゅ教授の「話しことばを分析する」の授業を、皆さんにも体験していただく。

では、たまたま、ビデオで録画されていたじょるじゅ教授の授業を御覧いただくこととする。

じょるじゅ教授「今、皆さんのパソコン画面には、音声分析の画面とワープロソフトの画面が出ていますね。」
学生達「はい。」
じょるじゅ教授「さあ、それでは、マイクつきヘッドフォンの、マイクを口元におろして、録音の準備をしてください。」
学生達（録音準備をする）
じょるじゅ教授「準備ができましたか？　では、皆さん、今、教壇の大スクリーンに映し出されている八つの単語「酢・詩・図・字・矢・輪・愛・会う」を、普段発音するように、発音してください。」
学生達「ス・シ・ズ・ジ・ヤ・ワ・アイ・アウ」
じょるじゅ教授「録音できましたか？その音声を保存してください。いいですね。それでは、問題です。これら八つの発音を、時間軸の反対から再生したらどう聞こえるでしょうか。」
学生達「？　えーっ？」
じょるじゅ教授「それでは、あらかじめ電子データで、皆さんに配布してある［解答記入票］に、解答を記入して、じょるじゅに返信してください。」

〔解答記入票〕

問一　「酢」・「詩」・「図」・「字」・「矢」・「輪」・「愛」・「会う」を、
時間軸の反対に再生したらどのように聞こえるでしょう？

カタカナで解答してください。

「酢（ス）」─「　　　　　」　「矢（ヤ）」─「　　　　　」

「詩（シ）」─「　　　　　」　「輪（ワ）」─「　　　　　」

「図（ズ）」─「　　　　　」　「愛（アイ）」─「　　　　　」

「字（ジ）」─「　　　　　」　「会う（アウ）」─「　　　　　」

問二　迷わず解答できましたか？「　　　　　」

学生達　「……。」（皆、首をひねりながら考えている）
　そして、十分後。
じょるじゅ教授「さあ、三〇名全員から、解答記入票が返信されました。おや、三〇名中、問一の正解者は四名でした。問二は、全員が「迷った」と答えています。
学生達　「☆＊％＃＄……」（どよめく）

じょるじゅ教授「静粛に！　実は、迷わずに、正解に至ったかたは、とても発音感覚が鋭いかたです。むしろ、日本語を第一言語としている人にとっては、答えられないのが一般的といっていいでしょう。では、実際に、時間軸の反対に再生した音声を聞いてみましょう。」

学生達「えーっ、すごーい！」
「アリエナーイ！」
「シンジランナーイ！」

じょるじゅ教授「正解は、次のようですね。」

［解答記入票］

問一　「酢」・「詩」・「図」・「字」・「矢」・「輪」・「愛」・「会う」を、時間軸の反対に再生したらどのように聞こえるでしょう？
カタカナで解答してください。

「酢（ス）」　―「ウ　ス　」　「矢（ヤ）」　―「ア　イ　」
「詩（シ）」　―「イ　シ　」　「輪（ワ）」　―「ア　ウ　」

「図（ズ）」　―「ウズ」　「愛（アイ）」　―「ヤ」
「字（ジ）」　―「イジ」　「会う（アウ）」―「ワ」

問二　迷わず解答できましたか？「(「迷った」が一般的解答だが、正解というのはない)」

5　謎の解明へむけての「話しことばを分析する」授業内容　その二

本節では、じょるじゅ教授の「そのように聞こえるメカニズム」と「解答が難しい理由」についての解説部分を、論文調で解説する。

(1) 拍の性質

日本語の発音最小単位は「拍（はく）」（＝「モーラ」）（仮名1文字分の発音単位）であり、拍の構造は、①～⑥のようである。

①母音：　胃 [i]、絵 [e]、尾 [o] 等
②子音＋母音：　木 [ki]、田 [ta]、野 [no] 等
③半母音＋母音：　矢 [ja]（[ĭa]）、輪 [wa]（[ŭa]）等

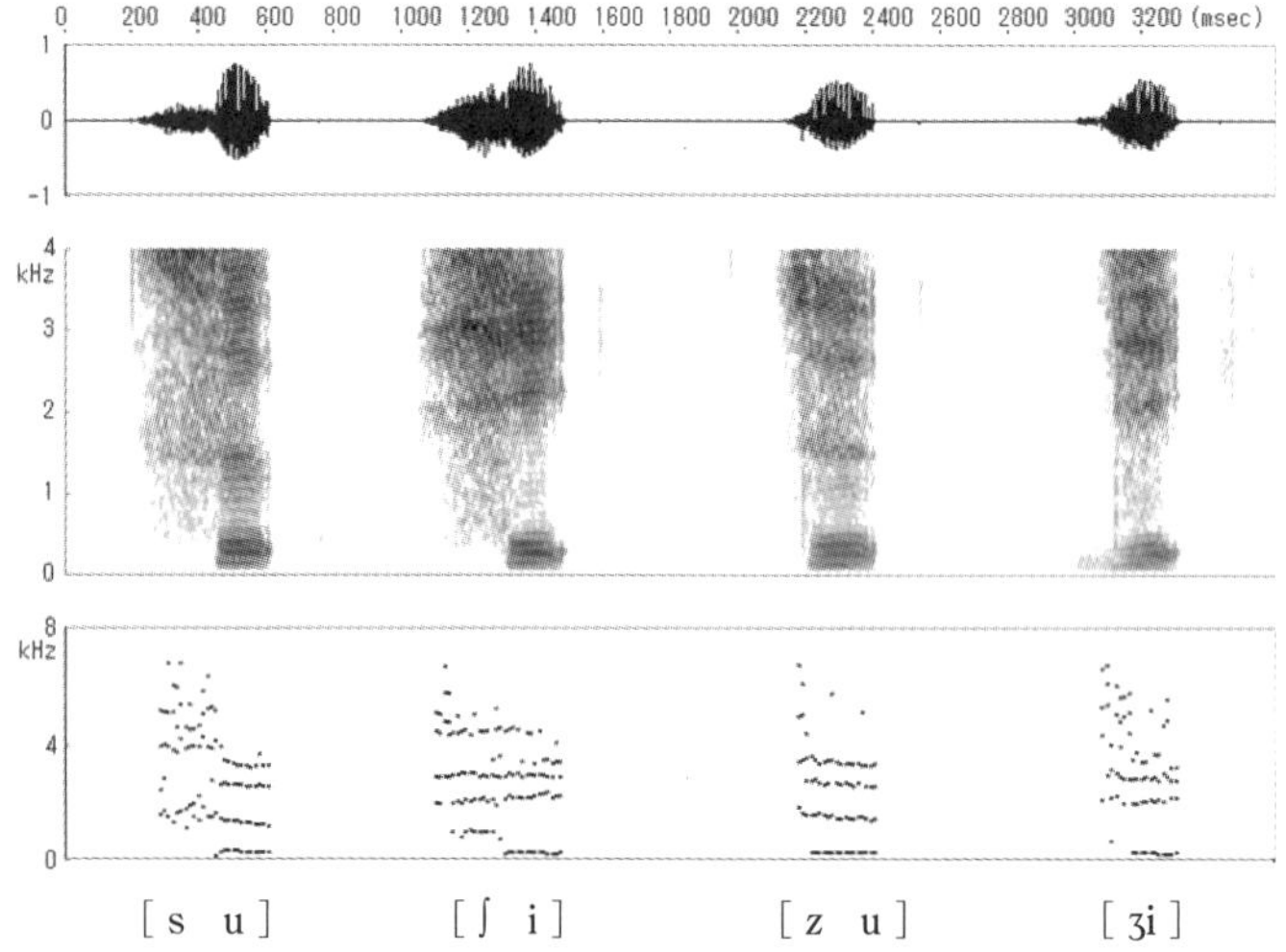

図1 「酢」「詩」「図」「字」のサウンドスペクトログラムによる分析図とフォルマント軌跡図

④子音＋半母音＋母音： 今日［kjo］、脈［mjaku］
⑤長音「ー」： 今日［kjoː］
⑥促音「ッ」： 一歩［ippo］
⑦撥音「ン」： 今度［kondo］

ここで注目すべき点は、「拍は母音で終わる」（特殊拍と呼ばれる⑥⑦を例外とする）ということである。これは、広く「開音節構造」と呼ばれている音構造の特徴である。

（2）「酢」・「詩」、「図」・「字」とその逆再生音の性質

まず、図1をご覧いただきたい。

「酢」・「詩」、「図」・「字」とその逆再生音について、拍構造の視点から分析すると、次のようになる。

—第一拍—第二拍　　　　　—　　　　　　　　　　—第一拍—第二拍—
「酢」—s [u]—（存在せず）——「酢」の逆再生音—[u]—s ◇—
「詩」—ʃ [i]—（存在せず）——「詩」の逆再生音—[i]—ʃ ◇—
「図」—z [u]—（存在せず）——「図」の逆再生音—[u]—z ◇—
「字」—ʒ [i]—（存在せず）——「字」の逆再生音—[u]—ʒ ◇—
【HPの音声①】　　　　　　　【HPの音声②】

＊□は、その音声が拍の末尾を構成する母音であり、◇は、実際には音声的に存在しないが拍構造上存在すべき母音（の位置）であることを示す。

「酢」・「詩」と「図」・「字」は、いずれも「子音［s, ʃ, z, ʒ］[*1]＋母音［u, i］[*2]」からなる一拍語なのであるが、それらの逆再生音は、「母音＋子音」となってしまう。拍構造上、拍は（特殊拍の促音・発音以外は）母音で終わらなければならない。逆再生音の「母音」は第一拍の枠に入り、「子音」は第二拍に振り分けられてしまうのである。さらに、第二拍には、物理的実在としての母音が存在しないため、そこに母音（先に◇で示した）を補って聞くこととなる。この物理的に実在しない母音は、「子音」の「口構え」から、［s］［z］の場合は /u/、［ʃ］［ʒ］の場合は /i/ と容易

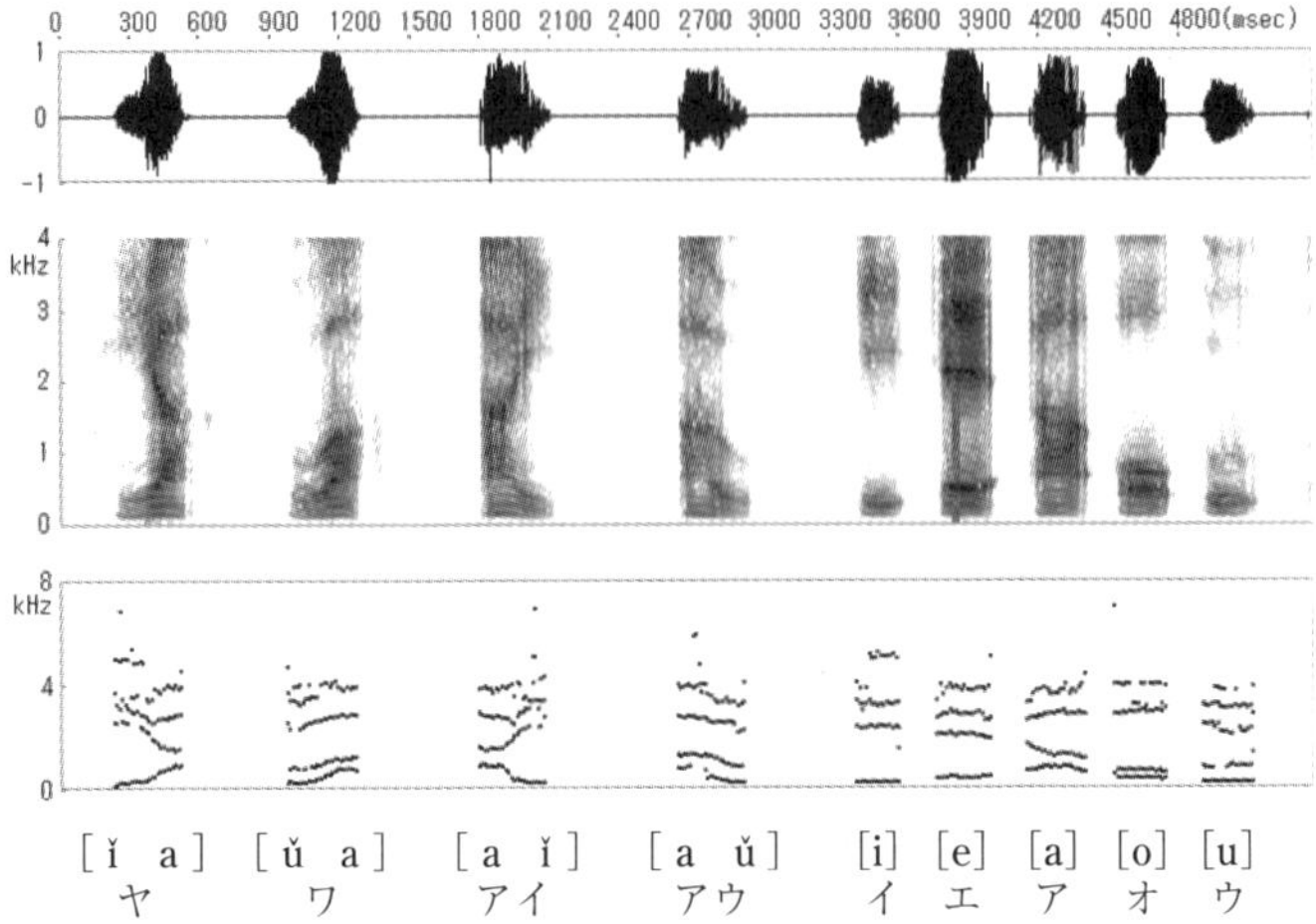

図2　「矢」「輪」「愛」「逢う」「胃」「絵」「(赤) のア」「尾」「鵜」のサウンドスペクトログラムによる分析図とフォルマント軌跡図

に予測されるのである。

この物理的に実在しない母音を認識する（聴く）ことから、日本語を第一言語として持つ人の脳に、拍構造が存在することが分かるのである。

そして、一拍語であったものが、逆再生することにより二拍語に聞こえるということが、「問一　迷わず解答できましたか？・」で、ほとんど全員が「迷った」と解答している原因となっているのである。

ちなみに、拍という単位をもたないたとえばヨーロッパ語圏の方たちは、容易に逆再生を予測し発音できるようである。

（3）「矢」・「輪」、「愛」・「会う」とその逆再生音の性質

まず、図2をご覧いただきたい。

母音の調音点（口構え）を反映するのは、サウンドスペクトログラムによる分析（声紋分析）により見出される第一フォルマント（以下、F1と呼ぶ）と第二フォルマント（以下、F2と呼ぶ）である。おおよそ、F1の周波数値は、調音点（＝母音の場合、舌の最も盛り上がった位置）の「高―低」に対応（「周波数値が高い」ほど「調音点は低い」、反対に「周波数値が低い」ほど「調音点は高い」）し、F2の周波数値は、調音点の「前―後」に対応（「周波数値が高い」ほど「調音点は前」、「周波数値が低い」ほど「調音点は後」）しているといえる。

ヤ行子音の部分は「胃」と、ワ行子音の部分は「鵜」と、F1、F2の周波数値が同様であることがわかる。従って、口構えとしては、前者が[i]、後者が[ɯ]と同様であるが、持続時間が極めて短いという点で異なることがわかる。国際音声字母（IPA）では、「極めて短い（extra short）」発音を、補助記号[ˇ]で表す。従って、IPAの精密表記では、ヤ行子音は[ǐ]、ワ行子音は[ɯ̌]と表記されるのである。

次に、「愛」「会う」の第二拍の母音についてみる。

まず、「矢」と「愛」、「輪」と「会う」のF1、F2の軌跡を比較すると、それぞれ前者と後者が、ほぼ左右対称となっていることに気づく。これにより、「愛」「会う」の第二拍の母音が、実は、持続時間が短い[ǐ][ɯ̌]であることがわかるのである。

ここで、[ǐ][ɯ̌]に注目しながら、拍構造の点から、「矢」・「輪」、「愛」・「会う」と、その逆再生音について、分析する。

	第一拍	第二拍
「矢」	ĭ [a]	（存在せず）
「輪」	ŭ [a]	（存在せず）
「愛」	[a]	[ĭ]
「会う」	[a]	[ŭ]

【HPの音声③】

	第一拍	第二拍
「矢」の逆再生音	[a]	[ĭ]
「輪」の逆再生音	[a]	[ŭ]
「愛」の逆再生音	ĭ [a]	（存在せず）
「会う」の逆再生音	ŭ [a]	（存在せず）

【HPの音声④】

＊□は、その音声が拍の末尾を構成する母音であることを示す。

これらより、[ĭ] [ŭ] は、母音（ここでは [a]）の直前では、あたかも子音のように振る舞い拍を構成するが、拍の末尾に位置する場合は、十分な持続時間をもつ母音と同様に自ら単独で拍を構成することがわかるのである。

この問題の難しさは、次のようなところにある。

「矢」・「輪」は、いずれも「ヤ・ワ行子音＋母音 [a]」からなる一拍語なのであるが、それらの逆再生音は、「母音＋ヤ・ワ行子音」となってしまう。拍構造上、拍は（特殊拍である促音・撥音以外は）母音で終わらなければならない。逆再生音の「母音」は第一拍の枠に入り、「ヤ・ワ行子音」は第二拍に振り分けられてしまうのである。その結果、第二拍には、「ヤ・ワ行子音」の他に物理的実在としての音声は存在しない。そこで「ヤ・ワ行子音」として振舞っていた [ĭ] [ŭ] が、拍末尾に位置することにより、十分な持続時間をもつ母音と同様に自ら単独で拍を構成するというように、大きく振る舞いを変えるのである。そして拍数としては、二拍語の「愛」「会う」となるのである。

この［ǐ］［ǔ］が、拍内の位置によって振る舞いをかえること、言い換えれば、時間軸上において対照をなす（逆再生音が共に同じである）、［矢］と［愛］、「輪」と「会う」が、異なる拍数の語として位置付けられ、認識されることからも、日本語を第一言語としてもつ人の脳に、拍構造が存在することがわかるのである。

そして、一拍語であったものが、逆再生することにより二拍語に聞こえるということが、「問二迷わず解答できましたか？」で、ほとんど全員が「迷った」と解答している原因となっているのである。

ちなみに、拍という単位をもたないたとえばヨーロッパ語圏の方たちは、「酢」・「詩」・「図」・「字」の場合と同様に、容易に逆再生を予測し発音できるようである。

6　謎の解明

それでは、4、5で体験した知識を駆使して、じょるじゅ教授のメッセージを解明しよう。

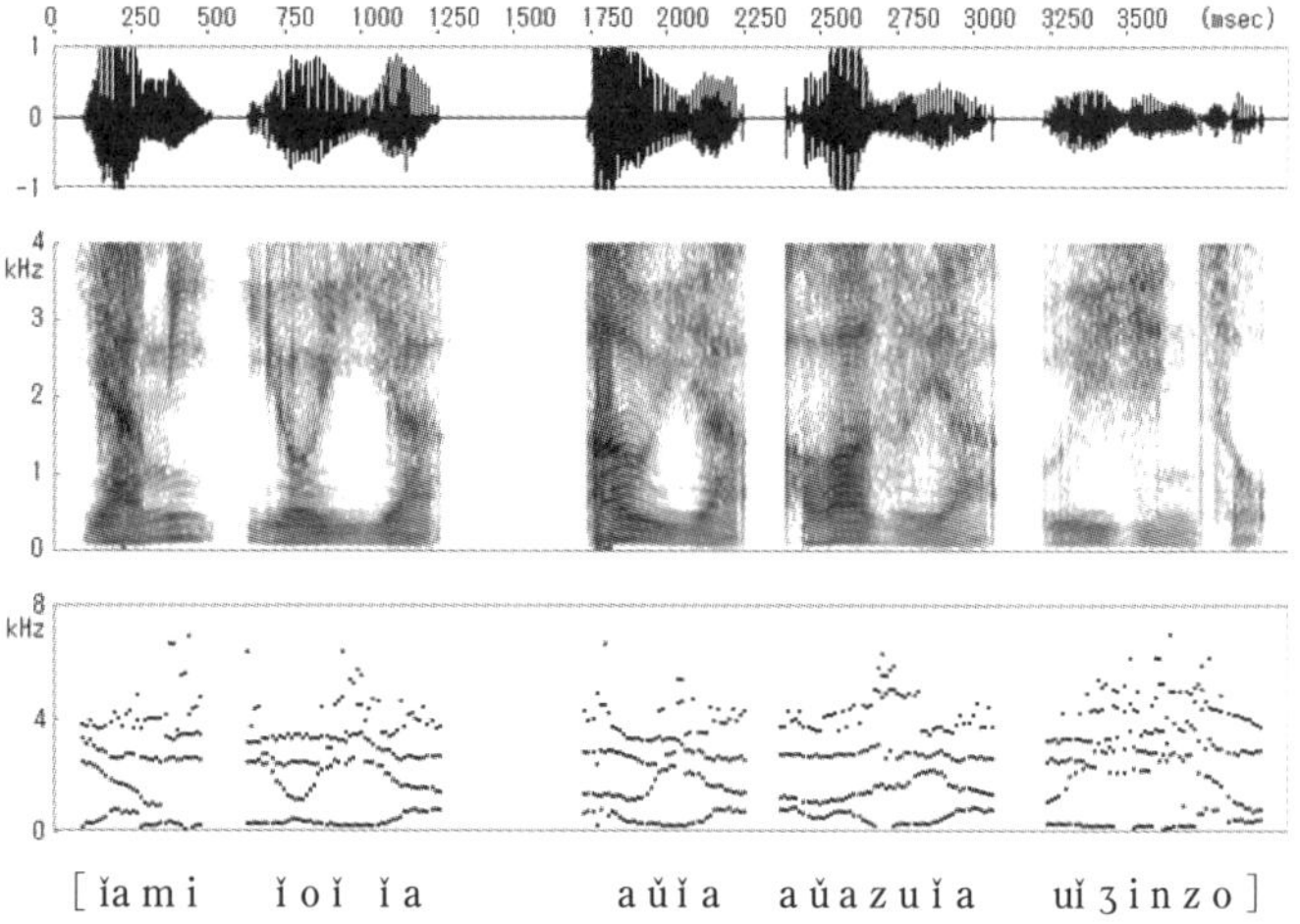

図3 「闇宵や　逢うや逢わずや　初陣ぞ」のサウンドスペクトログラムによる分析図とフォルマント軌跡図

「闇宵《やみよい》や　逢《あ》うや　逢わずや　初陣《ういじん》ぞ
↑　」

「↑」は、逆再生の意味と考えられる。従って、この発音の逆再生音に、事件解決のメッセージとなっていると考えられる。

ここで図3【HPの音声⑤】をご覧いただきたい。

逆再生音の再現は、次に示すようにカタ仮名、ローマ字表記はもとより、IPAの簡略記号でも、困難であり、IPAの精密表記で初めて可能となるのである。

闇宵《やみよい》や　逢《あ》うや　逢わずや　初陣《ういじん》↑」

【E D】　【 C 】　【B A】

カタ仮名　ヤミヨイヤ　アウヤ　アワズヤ　ウイジンゾ

ローマ字　yami　yoiya　auya　awazuya　uijinzo

音声記号（簡略表記）　jami　joija　auja　awazuja　uiʒinzo

音声記号（精密表記）　ǐami　ioǐǐa　aǔǐa　aǔazuǐa　uǐʒinzo

【　A　】に　【　B　】

人名（苗字）　武器の名称

【　C　】は

人名（フルネーム）

【　D　】　【　E　】

地名　人名（苗字）

逆再生音【HPの音声⑥】は次のようになる。

「小津に銃、鮎沢愛は、相生、今井」

従って、正解は、次のとおりである。

【　小津　】に　【　銃　】
人名（苗字）　武器の名称
【　鮎沢愛　】は
人名（フルネーム）
【　相生　】　【　今井　】
地名　人名（苗字）

7　エピローグ

八月三日、一六時一八分（即ち、午後四時一八分）、相生町の今井ビルそばの停留所でバスから降りた、「小津」という男性に、悠介が「銃」を手渡した直後、元町刑事他数名の刑事が、バスから降りタクシーに乗り換えた小津を覆面パトカーで尾行した。その直後、ビル手前黒塗りのワゴン車が止まり、すばやく悠介を乗せ、ビルの地下駐車場へと入っていった。地下駐車場で、ワゴン車からじょるじゅ教授が連れ出された瞬間、山手警部の合図と共に、待機していた警察隊が、一気に悠介とワゴン車を運転していた志太郎を取り押さえ、じょるじゅ教授を救出した。それと同時に、別働隊は、ビル内の鮎沢愛の事務所に突入し、鮎沢の身柄を拘束した。小津が乗るタクシーを追跡していた元町刑事らは、タクシー会社と連絡を取りながらタイミングを計りほぼ時を同じくして、小津が乗るタクシーを故障を装わせて路肩に停車させ、小津の身柄を、抵抗する間もなく速やかに拘束し、銃刀法違反の現行犯で逮捕した。

警察は、メッセージから、逆再生音以外のあらゆる可能性を検討し、「闇宵や」の部分から、有力な候補として、「八三四一八」を読み取り、「八月三日午前または午後四時一八分」をX（エックス）デーの具体的日時として対策を講じていたのである。従って、園緑により逆再生音から読み取られたメッセージが伝えられたとき、周到な事件解決の計画を練ることができたわけである。じょるじゅ教授のメッセージ。「闇宵《やみよい》や　逢《あ》うや　逢わずや　初陣《ういじん》ぞ　↑　」には、これだけ豊富な具体的メッセージが組み込まれていたのである。

そして、じょるじゅ教授は、一ヵ月ぶりに無事救出されたのである（監禁中は、特に衣食住の不自由はなく、二番目の監禁先も温泉はいり放題だったため、いたって元気！）。じょるじゅ教授は、ある武器の密輸に関するグループに、取引の際のキーパーソンと勘違いされ、誘拐されてしまったことが判明した。当然のことながら、密輸グループは一網打尽に逮捕されたのである。コミュニケーション学科で、特に社会言語学と多文化尊重のコミュニケーション論、文化発信ストラテジーを学び、将来、堪能な語学力と日本語教師主専攻の資格、そして柔道黒帯の資格を活かして、ヨーロッパで日本語教師のみならず日本発祥の世界文化である柔道の指導にも携わりつつ、ゆくゆくはＩＯＣでの活躍を目指す緑《みどり》にとって、この事件は、就職先として警視庁科捜研を意識するきっかけとなる出来事となったのである。緑が、その後、山手警部、元町刑事の影のブレーンとして活躍することになろうとは、緑本人もまだ知らない。

注

＊1　語頭のザ行子音は、一般的に、破裂の要素を伴った破擦音［dz, dʒ］であるが、ここでは、論旨に影響がなく、かつ簡明な説明が可能となることから、一貫して［z, ʒ］で示すこととした。

＊2　標準語の母音「ウ」は、平唇《ひらくち》の［ɯ］であるが、ここでは論旨に影響がないことから、一般的になじみ深い［u］で示すこととした。

参考文献

齋藤孝滋編　『地域言語調査研究法』おうふう、一九九九年。
飛田良文・佐藤武義編　城生佰太郎・齋藤孝滋他著　『現代日本語講座３　発音』明治書院、二〇〇二年。
服部四郎　『音声学』岩波書店、一九五一年。
齋藤孝滋　「子音」「サ・ザ行音」飛田良文・加藤正信他編『日本語学研究辞典』明治書院、二〇〇六年。

女性らしさ・男性らしさはつくられる
――ジェンダー視点からみた教育実践の変遷――

井上恵美子

1 「ジェンダー」とは

まず「ジェンダー」の意味を理解するために、「ジェンダー」「セクシュアリティ」「セックス」の違いを確認する必要がある。なお、これらの定義は人によって異なり、まだ試行錯誤の段階であるものの、ここでは次のように定義しておく。

「ジェンダー」とは、「生まれた後に社会的文化的に形成される男女の違い」である。一方、「生まれつきの生物学的生理学的な男女の違い」については「セックス」という語を使う。そして、自分を女と思うか男と思うかという「性の自己認識」や、また異性の人にときめくか、同性の人にときめくかの「性的指向」については「セクシュアリティ」という言葉で区別する。

ジェンダーという語を使用する第一の理由は、社会的な男女差別の原因が「男の方が体力がある」「身体の仕組みが違う」などと往々にして生物学的なレベルに帰せられたからである。「セックス」に無関係なデスクワークにおける差別についてもである。例えば、二五年も前とはいえ、女性研究者問題の全国集会に日本学術会議メンバーである地元の男性研究者を招待し理解を深めてもらおうとした時、女性教員が皆無の職場に勤める理系の教員に大学の女性教員の少ない理由を問うと、彼は少し考えてから「女性では重い物を高い所に置く時に困りますね」と答えた。

そこで、社会的文化的に生後形成される男女差やそれにまつわる差別の問題と、生物学的な問題とを区別・整理するために、前者は「ジェンダー」、後者は「セックス」と名づけられた。ただし、「セックス」の社会的規定性に関わって、「セックス」と「ジェンダー」との境界線の曖昧さについての議論や、また「セックス」も近代社会において差別的な意味を付与される、つまり「ジェンダー化」されるという指摘も近年提起されている。

第二の理由は、男性問題の位置づけである。従来も男性問題を無視していたわけではなかったものの、女性の差別問題に重点がおかれる傾向にあった。しかし「女性学」の進展の中で、男性変革の必要性が女性たちから指摘され（いわゆる「女性による男性学」）、さらに男性によって「男性」問題に着手されるに至った（いわゆる「男性による男性学」）[*1]。そのような蓄積に加えて、ドメスティック・バイオレンス（ＤＶ）の加害男性の問題――男性役割を担わされた男性たちの生き難さの問題――を等閑視できない状況の中、コインの表裏の問題であるとともに、男女ともに人間らしく生きる課題を「ジェンダー」の問題として考える段階に至った。

第三の理由は、男女差別、女性解放運動、男女平等などの言葉が、自明のこととして人間を男と女とに分けてきた問題点に起因する。遺伝子・性器・性の自己認識・性的指向性などのそれぞれのレベルでの「男」「女」が一致しない場合があり、そのバリエーションは一六〇通り以上になることが解明されている。近年ようやく社会的に認知されるようになった性同一性障害もその例である。さらにジェンダーレベルにおいても、例えば「ボク」の語をあえて使ったり、スカートを嫌ったりする女性など、性をめぐる表現は多様化している。

そのために、いわゆるセクシュアル・マイノリティやジェンダー・マイノリティの問題も含めて、「男」「女」のカテゴリーにとらわれず、より自由に自分らしく生きることの保障が求められ、男・女という二元論的な表現ではない性を示す語として「ジェンダー」が使われるようになった。ジェンダーという言葉が登場することによって、社会的に構築された女性に対する差別がより明瞭に可視化されるとともに、女性の問題だけでなく男性の問題も対等に扱われることが可能になり、さらに男・女という発想を超えて多様な性のあり方を承認でき、「性」に関わる差別問題に真正面から取り組むことのできる時代が到来したといえる。

以下では、戦後六〇年間の教育実践の変遷についてジェンダー視点からみていく。

2 ジェンダー視点からみた憲法・教育基本法成立の意義

戦後制定された教育基本法（一九四七年三月三一日法律第二五号）は、戦前の教育制度に対する批判と反省を基にして作られた。戦前においては、中学校と高等女学校にみられるように、小学校卒業後の学校の種類も教育水準も、そして進学経路も男女でまったく異なっていた。[*2] この差別的学校体系が、教育基本法第三条「教育の機会均等」に「すべて国民は、ひとしく、……教育を受ける機会を与えられなければならないものであつて、……性別……によつて、教育上差別されない。」と規定されることによって、男女同一の六・三・三・四制に改革された。[*3]

その上で、教育基本法第五条「男女共学」では、「男女は、互に敬重し、協力し合わなければならないものであつて、教育上男女の共学は、認められなければならない。」と規定された。この条項についての教育基本法成立時における文部省の説明資料には、「……両性の本質的平等の認識に立脚しつゝ、進んで男女は互いに敬重し、協力し合はなければならないものであることを宣言し、その一助として男女共学の価値あることを認め、あらゆる学校で男女共学を採用することを国が之をさまたげないものであるとの方針を示した」と記されている。[*4] すなわち、日本国憲法第一四条「すべて国民は、法の下に平等であつて、……性別……により、政治的、経済的又は社会的関係において、差別されない。」、第二四条「配偶者の選択、財産権、相続、住居の選定、離婚並びに婚姻及び家族に関するその他の事項に関しては、法律は、個人の尊厳と両性の本質的平等に立脚して、制定されなければならない。」などを前提にしながら、その男女平等の具体的なあり様の実現のための教育をめざし、そのために制度としての男女共学の実現を保障するという趣旨である。付言すれば、男女が同じ教室に存在するという意味での形式的な「男女共学」の実現だけを目的とした条項ではない。

3 「男女共学」概念の確立

教育基本法制定以降も、厳密な意味での「男女共学」の概念が日本で確立するには時間を要した。その最大の原因は、家庭科の位置づけに象徴される固定的なジェンダー観であった。

戦後直後の高校家庭科は、男女共に選択科目であり、実際に家庭科を履修しない女子も履修する男子も存在した。しかし、高度経済成長期に、学卒後も子育て後も女性を短期低賃金労働者に留めるための「男は外、女は内」という固定的ジェンダー観を強調する政策の一環として、中学校では一九五八年の学習指導要領によって「職業・家庭科」が「技術・家庭科」に変更されると共に「男子向き」「女子向き」に内容が区分され、高校普通科では一九六〇年の学習指導要領によって「家庭一般」が女子のみに四単位必修とされた（一九七〇年の学習指導要領により、高校のすべての学科・課程に拡大された）。まさにその時期に「共学」概念が鋭く問われる。

当時、家庭科を女子のみに課すのは「それが、男女の本質的平等の観念からみて合理的なものであると認められるかぎりにおいて少しもさしつかえないものと解されるから…、そのような特殊な場合には、特に例外として、その場合にかぎつて、男女の性別により、教室を異にしても、『男女の共学』の原則を侵したものというにはあたらない。」（有倉遼吉）[*5]と理解され、教育の一部が男女別履修であっても「男女共学」と見なすのが定説となっていた。家事労働の大きな部分を裁縫が占め、それを女性が担わざるを得ないという生活実態もあり、それが当然視され、真正面から吟味されることもない時代であった。しかし、前述したような家庭科履修の女子のみへの強制が制度化される中で、有倉説を踏襲した兼子仁説に対して、城丸章夫が「『両性の本質的平等』の見地からするならば、男子のみ、女子のみに適した『教科』は実際問題として存在しない」（傍点は原文）と痛烈に批判し[*6]、そして兼子もこの批判を受け入れた。[*7]

この論争を経て、家庭科を例外としない「共学」定義、すなわち「①同一の教室において、②同一の教科または学科に関して、③同一の教員により、④同一の方法・教材をもって、学校教育が実現せられること」がようやく定説となった。[*8]あらゆる領域における固定的なジェンダー意識の改変に社会全体で取り組む必要性が世界レベルで確認された「女性に対するあらゆる形態の差別の撤廃に関する条約」（以下「差別撤廃条約」。国連にて一九七九年一二月採択、一九八一年九月発効。一九八五年六月日本政府批准）成立の二年前の一九七七年のことであった。

4　「女性の自立をめざす教育」の進展

一九七五年の国際女性年とそれに続く「国連女性の一〇年」の取り組み、その間の「差別撤廃条約」の成立などを大きな契機として、女性の社会的差別の是正と地位向上を視野に入れた教育が真正面から取り組まれるようになる。その段階でのキーワードは、「男女平等教育」であった。さらに、社会に現存する男女の特性に基づく教育は男女差別に当たらないとする文部行政側の考え方に対抗する形で提起されたのが「自立をめざす教育」というキーワードであった。[*9]

それらは、男女が平等であるべきことや男女差別の歴史と実態について様々な教科で取り上げるとともに、ホームルームや生活指導・進路指導も含め、女性が自立をめざす主体となることを期していた。この時代の「男女平等教育」は主として女子に主眼をおいた教育であったといえる。また『つばさをもがれた女の子――教室の中の性差別』や『女はこうして作られる――教科書の中の性差別』は、教師の意識や教科書を調査し、その生徒たちへの差別的な影響について指摘している。[*10]これらは後述する「隠れたカリキュラム」の先駆的な問題提起と位置づけることができる。

この時期から重視されていたテーマとしては、例えば次の三つがあり、状況の変化に対応しながら今日に至るまでその内容はたゆまず発展させられてきた。以下には、近年の代表的な実践を紹介する。

（1）就労

まず「就労」問題は女性の自立にとって最も重要な課題のひとつであり、様々な実践が展開されてきた。従来、ともすれば経済的自立や継続就労の重要性を子どもたちに押し付けるきらいのあったこの領域において、ⓐは働く卒業生の実態調査を通して進路指導のあり方を問い直し、また調査からわかった事実に寄り添いながら現役高校生に身近な人たちへのインタビューを促し、そこから自分の将来を考えさせる実践である。

ⓐ愛知県高等学校教職員組合女性部「卒業生は働くなかま――労働実態インタビューを進路指導に生かす」橋本紀子他『両性の平等と学校教育』東研出版、一九九九年

またⓑは、職業体験学習の事前指導の四時間を利用して、パートや解雇の問題も含めた就労、とりわけ働く権利について学習したものである。

ⓑ新谷威（大阪府泉南市立一丘中学校）「『働くルールを考える』――職業体験学習と結ぶ人権学習」[*11] 池田靖子他『いまを生きる――ジェンダーと子どもの権利の視点を重ねて』かんきょう、二〇〇三年

さらに、小学校の実践で注目されるのがⓒである。子どもたちが男性用の職種と考えるものと女性用のそれとをそれぞれ挙げさせ、それを男女別に黒板に書いて議論させた上で、「男子」「女

子」の表示を逆転させておかしいかどうか考えさせ、そこで女性のトラック運転手や男性の保育士・看護師などの写真を見せることで自分たちのジェンダー・バイアスに気づかせ、そしてより自由な発想によって自分の将来展望を考えさせるというものである。同様の授業は、多くの教師によって様々な文脈の授業に位置づけられて取り組まれている。[*12]

(c)加来和子（東京足立区立小学校）「おとなになったら何をする!? ぼく・わたしの夢——男の仕事・女の仕事　性にとらわれず将来への夢を育てる——」前掲『いまを生きる』

（2）家族像のとらえ直し・家庭作り

(d)は、家庭崩壊や人種差別に翻弄され、その苦しさを学校において「荒れ」として表現する子どもたちに根気よく丁寧にかかわり、性教育によって自らの人間としての尊厳を確認させ、新たな家庭・家族作りに向き合う意欲を引き出した実践である。また(e)は、家庭科の住居の学習の一環として、切り取った同一のユニットを使って、一人ひとりの生徒に自分の望む家を設計させ、さらに街づくりを構想させるという実践である。中央に浴室のある家が提案されるなど、自由な発想が保障されて設計されたそれぞれの家からは、生徒たちの人間観や生活観が如実に映し出され、興味深い実践である。

(d)平戸史子（青森県平賀町柏木小学校）「心とからだの主人公になるために」教育科学研究会編集『教育』国土社、二〇〇一年四月号

(e)武田恭子（静岡県立浜松江之島高校）「住生活で共生を問う」『日本の民主教育』[*13]大月書店、一九九八年

（3）家庭科

長年家庭科の民主化、「男女共修」化に取り組んできた家庭科関係者は、一九八九年の学習指導要領により、中学校の技術・家庭科の共学と高校家庭科の共学必修を勝ち取った後も、「ジェンダー・エクィティ」をキーワードとしてさらに新たな実践を積み上げている。[*14]

5　ジェンダー・センシティブな教育実践の発展

一九九〇年代以降、ジェンダー問題に自覚的な教育が取り組まれる中で指摘されるようになったのが「Hidden Curriculum」であり、「隠れたカリキュラム」と訳されている。学校文化や行事・教科書、また進路指導などにおける教師の何気ない言動に、「男だから」「女だから」という発想が潜んでおり、それが子どもの意識形成に影響を与えているという問題提起である。

一九八〇年代までは、文学作品を国語の教科書に載せる際に活発な主人公を女子から男子にわざわざ替えて、活発なのは男という露骨なイメージ操作がされることもあった。また運動会の際に来賓の人にお茶を出すのは女子と決まっていたり、教師としては悪気なく発する、例えば数学

の点数の悪い女子への「まあ、女だから気にするな」、男子への「男のくせに泣くな」との声かけなど、「隠れたカリキュラム」の例を挙げればきりがない。なお、以前は生徒会長や学級会の司会は男子で、女子は副会長や書記をするのが定番であったものの、意図的なのか、活発な女子が増えたからなのかは定かでないものの、近年このパターンは崩れつつある。

「ジェンダー」概念もそれなりに市民権を得、「隠れたカリキュラム」からの問い直しも進む中で、従来とは異なるアプローチの教育実践がみられるようになっている。ここではそれを、ジェンダー・センシティブな教育と称する。その特徴は次の四点にまとめられる。

(1) 男女混合名簿の実践

まずは男女混合名簿の実践である。実は混合名簿を実施していない国はインドと日本しかないと、「国連女性の一〇年」最終年ナイロビ会議(一九八五年)において指摘された。[*15] とはいえ、全国的に混合名簿に切り替える学校は増え、さらに「男女共同参画社会基本法」(一九九九年六月三日法律第七八号)制定以後は行政が混合名簿実施を推進する地域も増えつつある。[*16] しかしそれに対して、教育現場では「上からの押し付け」「単なる形式に何故こだわらなければならないのか」との反発の声もないわけではない。「上から言われるからする」ということではなく、実施する目的を明確にして取り組むことが求められる。

その点で、(f)の実践が興味深い。この教師は、高知県の教員組合女性部で混合名簿についての実践報告を聞き、「私もやってみよう」と思ったことが動機だという。彼女と同学年の担任である男性教師も同意し、職員会議でも承認されて、小学校第四学年だけでの実施となった。

(f)岡崎笑顔（高知県越知町立越知小学校）「一人一人を大切にした学級指導をめざして——はじめての混合名簿にしてみて」前掲『いまを生きる』

スタートにあたって、彼女はその他の必要のない男女の区別も一掃しようと決め、自分なりに洗い直したところ、朝礼の時には男女二列にしなくても男女混合での背の順で充分である、小学校では男女一緒に指導しているから水泳カードを男女で色分けする必要もないなど、結局身体検査以外はすべて男女混合になってしまったという。これが、当人の驚きと感動の第一点目であった。

しかも、例えば運動会で太鼓を五人ずつ乱打する時に、一人だけ女子、男子のグループにならないように配慮しようと教師が思っていたのに、子どもたちはまったく気にもしておらず、そのような気づかいは不要であった。子どもの感性のしなやかさ、柔軟さに感動しつつ、自分の方がよりジェンダーにとらわれていたという気づきがあったという。

さらに、今までの「うちのクラスの男子は落ち着きがない」とか、「女子は授業中手を挙げない」など、気づかぬうちにしていた男女に分けての発想が混合名簿にしたらなくなり、男子でも手を挙げない子はいるし、女子でも騒がしい子もいると思うようになったという。この教師は、以前から一人ひとりの子どもを大事にしたいと思って教育にたずさわってきた人である。彼女は、自分の大切にしてきたことを、男女混合名簿実施によってさらに深めることができたという点に、最大の感動を得たと言う。その後、彼女が確信をもったこの実践を機に、その子どもたちの姿が親たちや学校内外の教師たちにも共感を呼び、この地域で混合名簿が広がっている。

（2）性教育を内に含んだジェンダー・センシティブな教育実践の登場

近年、性教育を内に含んだジェンダー・センシティブな教育、ジェンダー問題の視点に立った性教育の実践が多数展開されている。[*17]

その一つの特徴は、「女」「男」という二分法を崩し多様な性が存在することを伝えながら、「性」を教える試みが増えていることである。それは、『世界がもし一〇〇人の村だったら』（マガジンハウス、二〇〇一年）を導入に使用して同性愛などに着目させたり、性同一性障害である人をゲストスピーカーに招いたりするなどの工夫で小学校においても可能であり、その一例が(g)である。

(g)山田恭士（東京都八王子市立館小学校）「多様な性を学ぼう――『総合的な学習の時間』命の学習」二〇〇二年

先に紹介したように、(d)の実践の核にも性教育があった。小学校三年のこのクラスでは、男子たちが女子たちを事あるごとに威圧していたのに対して、何が問題かを皆で出し合おうと、学級会で自由に発言させたという。男子が「女はすぐ泣く」と言うと、それに対して女子から「男でも泣く奴はいる」との発言、「男はすぐ暴力を振るう」と女子が言うと、男子が「乱暴な女もいる」などと、お互いに言い合っていたら、「男、女じゃないよな」とみんなが思い始めた。また今まで萎縮していた女子たちが、はじめて思う存分発言できたことで自信がつき、クラスの雰囲気が少し変わった。そこで性教育——人間の身体のしくみについて授業をしたら、いつも女子をいじめていた男子が「身体は男と女であまり変わらないんだなあ」とつぶやき、「性器以外はみんな一緒だね」ということになり、「男だ、女だ」とやっていたけれど、「同じ人間だ」ということが皆の中にすっと入っていったという。

もう一点興味深いのが、家庭に様々な事情のある子どもたちが、この性教育の中で、自分も「生まれてきてよかった」と、自己存在・自尊感情の大元を確認できた点である。子どもたちの自尊心・自尊感情、自分の居場所などが不確かになっている現代において、ことさらこのような教育が重要になっていると考えられる。

小学校における自己存在の確認と重ねた性教育に対して、より上級学校では「性」の問題と将来の「生」とを重ねての教育が進められている。次のものはどちらも総合学習の時間に取り組まれたものである。男女共学になるのを契機に、(h)は「人間の性と生」の授業を新たに設け、(i)は女子校時代の「女性学」の授業を「人間学」に発展させたものである。とりわけ(h)は、生徒自身の「ジェンダー・チェック」から始まり、男女の生理と心理の学習、性同一性障害や性暴力問題、さらには結婚・離婚問題、男女の賃金格差などに至るまで、一年をかけて多彩な資料やビデオを駆使して授業が展開されている。

(h)日沼慎吉(正則高校)「総合学習『人間の性と生』の授業――ジェンダーの視点を据えて取り組んだ一年間」二〇〇二年
(i)杉島和史(京都橘高校)「両性の平等と総合講座『人間学』の授業実践」二〇〇二年

(3) 男子の育ちを考える

第三に男子の育ちについて議論されるようになった点が特徴として挙げられる。*18

前述の(d)の実践では、当初「クラス内での男女の仲が悪い、男子が女子をいじめる」という問題が担任によって意識化されていた。ところが、その後のクラス作りの中で「女子だけならうまくいくのに、男子だけのグループではトラブルが起こる」ことがわかり、「何故男子は友達とうまくやれないのか」が課題化される。

その点に関わっては、①様々な意識調査において「男女別に扱われて何が一番嫌だったか」との問いで、男子の場合「男子ばかり先生から怒られる」がトップになるのにみられるように、女子でしっかりしている子どもは誉められるのに対して、男子でちょっと落ち着きがないとか目立つ子どもには先生も注意しやすく、誉められた経験がないのではないか、②家での父親の姿が見えない、③母親だけで子育てをしておりその母親の前では「いい子」である、すなわち男子の家庭での育ちと学校での指導の両方の検討が必要である、などが問題として挙げられる。

もう一点、「女らしさ」「男らしさ」と「人間らしさ」の関係の問題がある。「女らしさ」と「人間らしさ」には大きなズレがある。最近は、女性自身でこなせるようになったにもかかわらず最後だけ「やっぱりできない」のが女らしく、男性はやさしく物分かりがいいのだけれど最後の決断はしっかりできるのが男らしい、と変化してきているとはいえ、結局依存心の強さが女性に期待され、自分で考えて行動するという「人間らしさ」に逆行する。女性が「女らしさ」にとらわれず「人間らしさ」を大切にしようとするのは、両者のズレが大きいのである意味容易であるといえる。ところが、「男らしさ」と「人間らしさ」は重なりが大きいため、男性が「男らしさ」ではなく「人間らしさ」を大事にしたいと考えた時、取捨選択の吟味が容易ではないと思われる。

また「男なら泣くな」など感情表出を抑制するよう育てられ、自分の感情を素直に表現できない男性が多い傾向にある。ストレスをうまく解消できない、「苦痛だ」「つらい」と言えないことが、今日社会問題になっているドメスティックバイオレンスの一因にもなっている。「もっと感性を豊かにしよう」「もっと豊かに自分を表現していいよ」というメッセージを幼いときから男子に伝えることが必要である。

男子の育ち方・育てられ方について、ジェンダー視点からさらに議論し、実践を積み重ねていくことが今後の課題である。

(4) 男性教師も取り組むジェンダー問題

第四は、男性教師がジェンダー・センシティブな教育の担い手になっている点である。以前の

「男女平等教育」と言われた時代には、女性教師が中心で、男性教師は「理解ある応援者」というイメージであったと思われる。現在は第三の点とも関わって、自らのジェンダー・バイアスを問い直し、教育実践に活かしている男性教師も増えている。

(j)の教師は、マスメディアの誤った情報を見抜くメディアリテラシーを重視し、「男らしさ」を脱ぎ捨て「人間らしさ」に依拠した方がより生きやすいことを、自分をくぐらせながら男子生徒たちに伝え続けている。

(j)瀬尾徹志「男子にこそ自立と共生の能力を育む性教育を――『男らしさ』を脱ぎ捨てたい男性教師のお話」教育科学研究会編集『教育』二〇〇一年一二月号、国土社。同「男の子の自己肯定観を育てるには」民主教育研究所『季刊人間と教育』第三六号、旬報社、二〇〇二年

また(k)の教師は、「体育」の世界のジェンダー・バイアスの強さを問題視し、「男女共修」の保健・体育の実践を積み上げてきた。彼の「ちょうちん持ち授業」は、男女別で保健の授業をやらざるを得ない状況を活用し、女子クラスで男子への、男子クラスで女子への、性に関する異性への率直な疑問を聞き、それへの返答を持ち帰る、という形で授業を進めていった。それによって本音が出、皆熱心に授業に参加し、その過程で例えば男性コミック雑誌などに満載されている異性に対する誤った情報を是正していった。

(k)関口久志「女も男もともに体育スポーツを――両性合同スポーツ共修」『季刊セクシュアリティ』第一二号、エイデル研究所、二〇〇三年。同（京都南丹高校）「男と女で疑問を出し合

うちょうちん持ち授業」一九九九年

6　教育基本法の「改正」とジェンダーフリー・性教育バッシング

以上概観したように、教育基本法成立以降も第五条はその内実が理論的にも実践的にも着実に深化・発展させられてきた。ところが、二〇〇六年一二月に教育基本法は「改正」され、第五条「男女共学」が全面的に削除された。それは、戦後における教育理論と実践の成果の否定をも意味する。それとともに、次に述べる性教育や「ジェンダーフリー教育」に対する誹謗中傷（バッシング）、さらには「ジェンダー」さえも言葉狩りの対象とする動向の延長線上にあると考えられる。

バッシング論者は、夫婦別姓のための民法改正案（一九九六年法制審議会が選択的夫婦別姓制度を含む「民法の一部を改正する法律案要綱」を答申）を批判し、日本軍「慰安婦」問題（中学校は一九九七年、高校は一九九八年から使用するすべての教科書に表記）などを契機に「新しい歴史教科書をつくる会」を結成（一九九七年）して活動を活発化させ、さらに「男女共同参画社会基本法」成立を受けて各地方自治体が男女共同参画条例を作成し始めたのに危機感を持ち[*19]、二〇〇一年頃から本格的にバッシングを展開するようになった。

例えば、性教育バッシングの最前線に立たせられた東京都の七生養護学校では、教師たちが手作りで性教育の教材を作って具体的に学べるようにしたり、身体の部位を楽しく覚えることができるようにと作った歌を毎日歌ったりするなど、親たちにも支持されながら工夫して実施してきた性教育実践が、しかもそれまで校長会でも都教育委員会でも優れた実践だと評価されてきたにもかかわらず、突如批判され、二〇〇三年九月に教師たちが処分された。以後全国的に性教育の実施しにくい状況が今日も続いている。

同様に、一九九五年に刊行された東京女性財団ハンドブック以来広まった「ジェンダーフリー」の語について、二〇〇二年一一月に国会で問題にされた挙句、その使用が行政指導によって禁止され、男女混合名簿や男女共学、さらには「差別撤廃条約」や「子どもの権利条約」（児童の権利に関する条約。国連にて一九八九年一一月採択、一九九〇年九月発効。一九九四年四月日本政府批准）さえも批判の対象にされている。[*20]

ジェンダー・バッシング、そして憲法・教育基本法の「改正」問題に共通するキーワードは日本の古きよき「伝統」である。男尊女卑の「伝統」を尊重することと、ジェンダー視点に立つことは真っ向から対立する。ジェンダー・センシティブな教育とは、バッシング論者が言うような男女を没個性・中性化させ、例えばトイレを男女共有にさせるものではなく、性の違いを超えて、子どもの人権と個性を尊重し豊かに発達させることをめざすものである。性教育やジェンダーに対するバッシングの狙いは、一人ひとりの子ども、とりわけ女性たちに性の問題も含めた自分の生き方を自己決定できる力をしっかり育てる教育を妨害することにある。

7　今後の課題

（1）ジェンダー・センシティブな教育の系統化

第一に挙げたのはジェンダー・センシティブな教育の系統化の問題である。

①ジェンダー問題への「気づき」→②問題の科学的理解→③解決への展望

この内、①のみの学習もあり得るし、それ単独でも重要な取り組みであると考える。ただし、ジェンダーに関する意識調査を子どもにし、如何に固定的なジェンダー観が蔓延しているかを子どもに示すだけで終わってしまう授業も見受けられる。これではジェンダーが強固なものであることを子どもに教えるだけであり、本来意図していることとは逆効果となる可能性もあり得る。その意味では③の解決の道筋なり、展望までを伝えることが求められる。しかも、安直な解答だけを子どもに伝えるのではなく、②の科学的な理解を経て子ども自身が自分なりの③の展望を持つことを保障することが求められる。

ところが、①から③までを系統的に授業の中で取り組むことが現在では困難になっている。とりわけ教師の多忙化と教育内容の過密化、そして全授業の教案の校長への提出義務化とチェック・「指導」などによって自由度の小さくなっている教育現場では、様々な教科や「総合的な学習の時間」を使って断片的にジェンダー問題の学習や性教育に取り組んでいるのが現状である。教師が子どもの現状に則しながら自分らしい教育計画をじっくり立案できないこの問題は、それ自体深刻な問題であるといえる。

ただし、ジェンダー・センシティブな教育の系統化は、単に一科目、一教師によって完成されるものばかりではない。様々な科目における学習をつないだり、長年の学習の蓄積によって生徒自身の中で系統化がなされることも重要である。

ここでは、⑴の総合学習に注目したい。時間毎のジェンダー問題学習の興味深さに留まらず、第一に学校内での教科を超えたジェンダー学習の系統化が可能になっている、第二に様々な教科担当の教師たちが共同して総合学習にかかわることで、そこでの生徒の学びの過程と生徒の実態を教師間で共有することが可能となったことであり、第三に総合学習で自分の担当する教科にとらわれない教材を模索し、生徒との、また生徒間での議論の時間が多く設けられているため、翻って自分の担当教科における獲得目標、また内容やその提示の仕方について、従来常識と思われていたことも含めて根本から問い直す契機となっている。

⑴丸山慶喜（大東学園高校）「『総合――性と生』の報告――生徒と共に学ぶ『性・人間・生きる』」一九九八年。桐島朝子（同）「総合『女性と人権』」一九九九年

（2）何のためのジェンダー・センシティブな教育か

ジェンダー・センシティブな教育に取り組む際、ジェンダーに関する認識度だけが評価基準と

はならないと考える。

日本社会教育学会では、一九八〇年代初頭に従来の「婦人教育」を「婦人問題学習」へと理論的に発展させる際、「婦人問題」についての学習なのか、「婦人解放の主体としての自己形成」のための学習活動なのかが、生活課題の学習との関係で論争された。[*21] 学校教育におけるジェンダー・センシティブな教育においても、改めてその目的から議論する必要があると考える。

筆者は、ジェンダー認識の深化だけを目的にせず、子どもの生きようとする意欲を励まし、人生をきり拓くことに資する学習であることが求められると考える。[*22] そうするならば、子どもの背後にある問題、すなわち生活実態なども教師が把握し、学習を通して子どもの生活問題の解決力を育んでいるかも実践分析に不可欠な要素に位置づけることが求められる。ジェンダー視点に立った教育の目的から説き起こし、授業分析の視角と軸を構築し、そしてそれらを教師や子どもたちと共有しながら実践作りをしていく必要があると考える。

注
＊1　例えば、一九九一年四月に「メンズリブ研究会」が発足する。詳しくは、メンズセンター編『「男らしさ」から「自分らしさ」へ』（かもがわブックレット95）かもがわ出版、一九九六年。
＊2　詳しくは、井上惠美子・伊藤めぐみ「旧学制下における『共学』――『別学』の存在構造」『名古屋大学教育学部紀要――教育学科――』第三九巻第一号、一九九二年。
＊3　なお、戦後も男女別学校が存在するものの、教育水準や内容は男女同一であり、戦前のそれとは

質が異なる。

＊4　『教育基本法説明資料――一九四七（昭和二二）年――』名古屋大学教育学部教育行政及び制度研究室研究資料第二号、一九七八年、一二頁。

＊5　有倉遼吉・天城勲編『法律学体系コンメンタール篇　教育関系法〔Ⅱ〕』日本評論新社、一九五八年、八四頁。

＊6　城丸章夫「男女共学」宗像誠也『教育基本法――その意義と本質』新評論、一九六六年、一八三頁。

＊7　兼子仁「平等権と『家庭科』女子必修問題」堀尾輝久・兼子仁『教育と人権』岩波書店、一九七七年、二九三～二九八頁。

＊8　星野安三郎「男女共学」有倉遼吉編『基本法コンメンタール　新版教育法』（別冊法学セミナー第三三号）日本評論社、一九七七年、六三頁。なお、この経過については前掲「旧学制下における『共学』――『別学』の存在構造」を参照されたい。

＊9　例えば、柳淑子『いきいきと生き抜くために――自立をめざす女子教育』現代書館、一九八二年、女子教育を考える会編『女性の自立をめざして』愛知女子教育を考える会、一九八二年、嶋津千利世他『男女平等教育』青木書店、一九八五年など。

＊10　国際婦人年をきっかけとして行動を起こす女たちの会教育分科会『つばさをもがれた女の子――教室の中の性差別』『女はこうして作られる――教科書の中の性差別』一九八二年。なお、教科書におけるジェンダー問題については伊東良徳他『教科書の中の男女差別』明石書店、一九九一年、家庭科教科書に限定して戦後の変遷を分析したものには酒井はるみ『教科書が書いた家族と女性の戦後五〇年』労働教育センター、一九九五年などもある。

*11 後に新谷威『中学・高校「働くルール」の学習』きょういくネット、二〇〇五年として刊行された。

*12 誰もが取り組めるように、典型的な授業の紹介・普及とともに、優れた教材作りも進められている。例えば、『ジェンダー・フリーの絵本』全六巻、大月書店、二〇〇一年がある。

*13 以下、出典が明記されていない実践は毎年刊行の同書を参照している。

*14 例えば、斉藤弘子他『ジェンダー・エクィティを拓く家庭科』かもがわ出版、二〇〇〇年。

*15 浅井春夫他『ジェンダーフリー・性教育バッシング――ここが知りたい五〇のQ&A』大月書店、二〇〇三年、八八頁。

*16 後述する「ジェンダーフリー」バッシングの一環として、例えば東京都教育委員会は二〇〇四年八月の通知により、「ジェンダー・フリー」の語を使用しないことを言明するとともに、「誤った考え方としての『ジェンダ・フリー』に基づく男女混合名簿を作成することがあってはならない」と各都立学校長に指示した。この通知の影響のためか、江東区では中学校での混合名簿実施率が二〇〇四年度の三一・八%から二〇〇六年度には九・一%に激減している（小学校でも八三・七%から七二・一%に減少）。

*17 『季刊 SEXUALITY』〝人間と性〟教育研究協議会編、エイデル研究所の各号を参照されたい。

*18 この点に関して先駆的に論じられている村瀬幸浩「心の闇をひらく――男の育ちとジェンダーを考える」民主教育研究所「両性の平等と教育」研究委員会『男の育ちとジェンダーを考える』（両性の平等と教育パンフレット第五号）二〇〇二年を参照されたい。

*19 山口智美「『ジェンダー・フリー』論争とフェミニズム運動の失われた一〇年」上野千鶴子他

『バックラッシュ!——なぜジェンダーフリーは叩かれたのか?』双風舎、二〇〇六年、二六五頁。

＊20 バッシング状況の動向やその問題点については、前掲『ジェンダーフリー・性教育バッシング』や橋本紀子「日本のジェンダー平等と性教育をめぐる動向と課題」日本教育学会『教育学研究』第七二巻第一号、二〇〇五年、二一〜二三頁の他、多数の文献で取り上げられ批判的に検討されている。

＊21 日本社会教育学会宿題研究会『日本社会教育学会 婦人問題と社会教育・資料一』一九八一年、日本社会教育学会年報編集委員会『婦人問題と社会教育』(日本の社会教育第二六集)一九八二年。

＊22 吉田和子『フェミニズム教育実践の創造』青木書店、一九九七年ではそれを「学ぶことと生きることの統一」との言葉で表現している。

参考文献

浅井春夫『セクシュアル・ライツ入門——子どもの性的人権と性教育のための二〇章』十月舎、二〇〇〇年。

浅井春夫『ジェンダー／セクシュアリティの教育を創る——バッシングを越える知の経験』明石書店、二〇〇六年。

天野正子・木村涼子編『ジェンダーで学ぶ教育』世界思想社、二〇〇三年。

橋本紀子『フィンランドのジェンダー・セクシュアリティと教育』明石書店、二〇〇六年。

身体表現とコミュニケーション
――ダンスの創作実習を通じて――

大河内君子

テレビや雑誌で「美しい動作とは」「ちょっとセレブな女性になるための身のこなし術」などの言葉や映像を目にすることがある。美しい動作の重要なポイントは、立っているとき、座っているとき、動いているときの空間におけるからだ全体の状態、つまり「姿勢」である。そして、重要なもう一つのポイントは、「手の表現」である。

飲食の際の手のしぐさ、荷物を持っているとき、電話をしているときなど、様々な日常生活の中で「姿勢」「手元」に気を配り、顔の表情を活き活きとすることで、ずいぶん表現力が変化するものである。

「姿勢」「手の動き」「顔の表情」が、日常のコミュニケーションで、人に与える印象に重要な役割をしていることは、よく知られている。

日本人の身体表現を特徴づけた要因の一つとして、「着物の文化」が考えられる。すなわち、帯でぎゅっと下半身を引き締めることで、腹筋と背筋が緊張する。そこで、前屈みになりづらい姿勢になり、背筋をピーンと伸ばした姿勢になる。

また、着物で身体が隠されることにより、手を使った表現が、日本人独特のコミュニケーション手段として発達した。

日本人の繊細な美意識は、つつましげで、しっとりとしたしぐさや立ち居振る舞いに見ることができ、日本舞踊の出発点ともなった。「手踊り」がその代表であり、手の表現は、心のあり方と極めて密接に関係している。

1　身体表現としてのダンスの技法

私たちが、日常に動かしている身体の使い方（生理的、形態的、機能的）をそのまま動かしても、「舞踊的な表現する身体」にはなり得ない。身体表現のためには、からだ全体と各部位（頭、首、肩、肘、手首、指、胴体、腰、股関節、膝、足首など）との関係を認識させ、調和させることが大切である。すなわち、効率の良いからだの動かし方を訓練して行くことと同時に、表現の方法を体得させることである。そして、身体内部にある生命力、もっと言えば魂を、身体を素材として表現させるという動きのテクニック（技法）が必要になる。

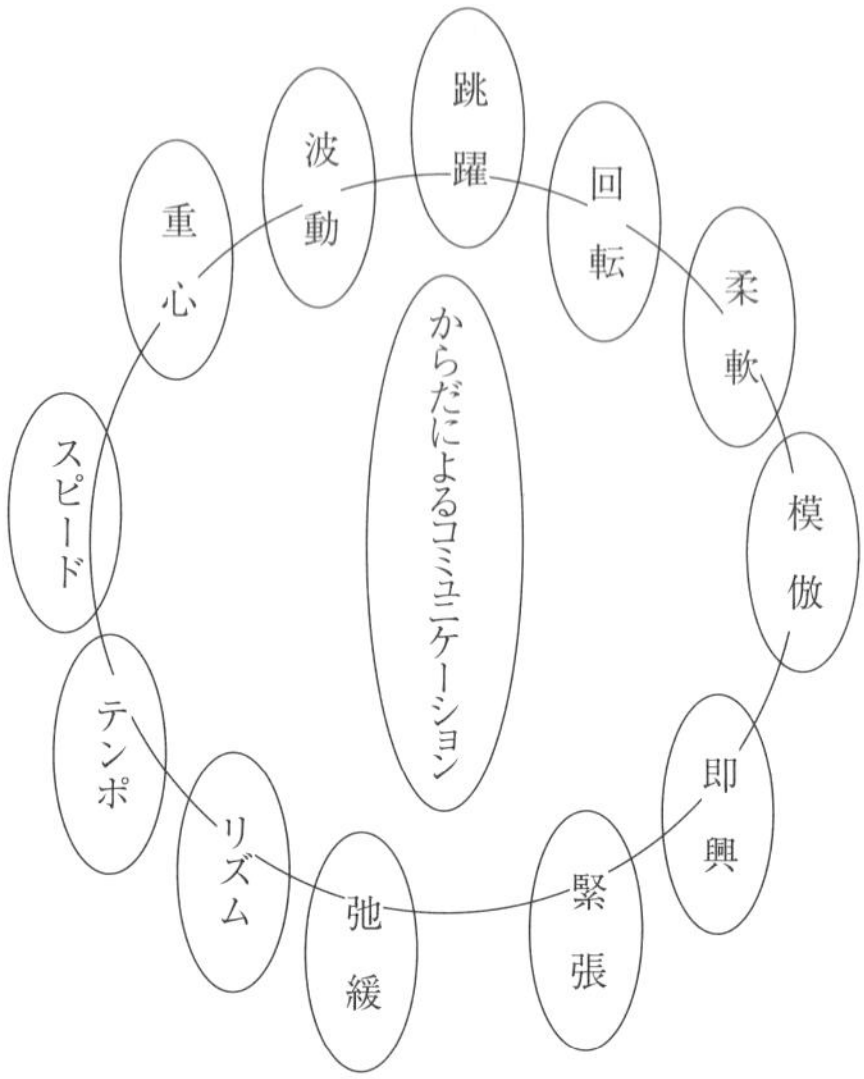

2　身体の基本運動

緊張……筋肉あるいは筋力を固定、強調させる。
アクセントをつけたり、コントラストを強めることで抵抗する力、反発する力、威圧する力を表現する。

エネルギーを集中させることで、より強力な意志や積極性を表現することが出来る。

弛緩……筋肉をリラックスし、脱力させる。
より消極的、内向的、求心的な表現をする。
身体をくねらせ、背筋を緩めるなどの屈曲（前屈、後屈、側屈、回旋など）は、弱々しく、ふるえるような心の動揺や恐怖心など自己否定の表現へとつながる。

時間……リズム、テンポ、スピードなど、動きの速度を変化させることで、より複雑で、より芸術的で、不調和な動きへと発展して行く。
例えば、基本動作「歩く」のリズムを変えるだけで、より表現内容が複雑で変化に富んだものになる。

・一方向に一定のリズムで歩く……快適、安定性、直線的な移動動作
・一方向に不規則なリズムで歩く……不調和、不安定、感情的
・一方向に歩いている動作を止める……停止、心の静止、意識的
・一方向ではなく多方向にリズムを変化させて歩く……より活発に意識的に感動的に表現することができる。

空間……空間的形態、すなわち方向性や高低差を利用することで動きの流れや移行の変化を楽しむことが出来る。
空間構成（より高く、より低く、右に、左になど）を変化させることにより、個人的身体的空

間が拡張されたり縮小されたりする。動きの流れる方向で表現する意図も変化する。

重心……重心を移動させることで、姿勢による変化が見られ、よりグロテスクなバランスとアンバランスな表現が可能となる。

波動……関節から関節へとまるで波が押し寄せてくるかのように柔軟に動かし表現する。人工的、機械的ではなく情緒的、流動的

柔軟性……身体のどの部位でも自由に可能な限り広範囲に動かすことができるように訓練することが必要となる。動きそのものの美の表現は柔軟な身体から抽出されるからである。

跳躍……床から両足が離れ跳び上がる運動、空間姿勢や速度、強度、方向などエネルギッシュな表現は、より優れた芸術作品には不可欠である。

回転……身体の中心を軸にして、前後、左右、斜めに移動しながら、または身体を固定した状態で回転する。日常生活の動作であまり見られない回転は、特に高度な洗練された技術を必要とする。

3　身体表現の技法

模倣……人の動きを模倣することで多くの表現技術を体得する。情緒的、感情的、繊細な表現、形態的、身体的、肉体的な表現など、創造力を豊かにすることができる。

◎一人対全員で動く
ある人がリーダーとなり、他の人たち全員で一人の動きに追随する。一フレーズを十八呼間にすることで、ダンス経験の未熟な受講生でも動きのパターンを創り出すことができ、他の全員もすぐに動きを模倣することが可能となる。

また、リーダーを経験することで全員の前で発表することへの恥ずかしさをなくし自信を持たせる。
◎グループで作品を創る
一グループ（三～六名）でテーマに沿って小作品を創る。一人一人のオリジナルな動きのフレーズをすべて組み合わせることで小作品を踊る。オリジナルな動きを他者に指導することでコミュニケーションが必要となり、動きの技法の指導力もつく。
◎グループの作品を全員で模倣し踊る
いくつかのグループ作品を全員で模倣する。身体表現の技法が固定されず、いくつかのパターンを見出すことができる。また、表現する喜び、楽しさを認識させることで、グループ同士の共同体としてのコミュニケーションが広まって行く。
即興……それぞれがもっている感性や潜在的・直感的感覚で、即座に動きで表現する。
◎具体的テーマで表現する
日常生活の中で起こりうるあらゆる場面、情景、自然などを観察したり、分析できる形態など、身体動作や行動など。

◎音（曲）から受けるイメージで表現する

あらゆるジャンルの曲目を流し、そこから受ける印象や欲求が心を動揺させ、それらを動きで表現する。

以上のように、身体の基本運動、すなわち身体訓練と同時に身体表現の技術を修得することで、人間の身体は、より複雑な変化をもたらし、表現するからだと意味を自由に創造し、刺激的に、より魅力的に構成し表現することができる。

ここでは、授業として受講生と取り組んだ「舞踊作品」づくりを通じて、「うごく」ことを体験することにより、身体コミュニケーション能力の変化について明らかにした。

踊れる身体としての身体能力と表現能力を訓練することで、自分自身の身体を見つめ、認識させることで、身体コミュニケーションの重要性と共に、「舞踊作品」における他者との関わりにおける共同体としての身体コミュニケーションのあり方についても明らかにした。

4　身体表現の技法（実践事例）

・「舞踊作品」を創るにあたって、まず受講生に「あなたが表現したいものは何か」「どんなイメージで踊りたいか」「観客にどのようなメッセージを発信したいか」など事前に聞いてみる。

・作品の発表時間は、3～4分とする。
・エントリーカードを提出させる。

エントリーカード例

作品名	
出演者名	
衣装	
曲目	
発表時間	
メッセージ	

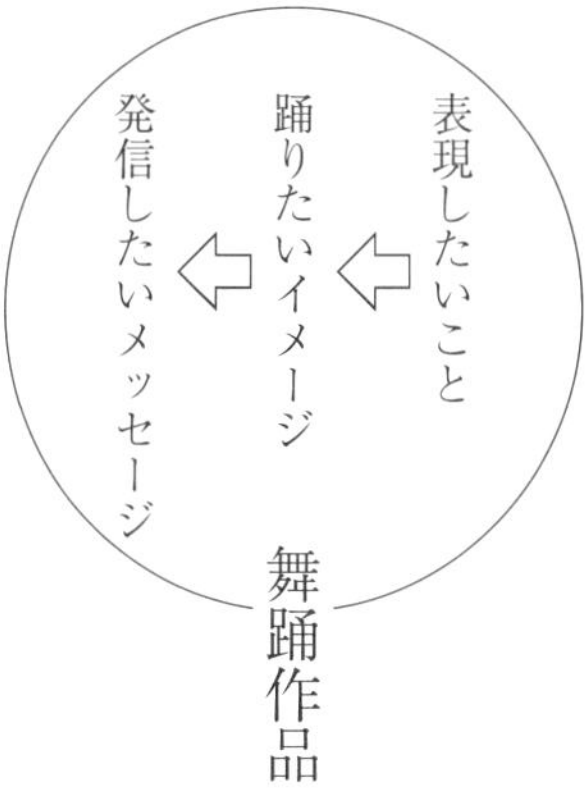

作品1

【作品名】「WOMEN」

【出演者】 三名

【メッセージ】 女性の心は変わりやすい。可憐な女性、明るい女性、強い女性……さて、あなたはどんな女性ですか！

【構成】 三人一組、一人一人違った女性を演じた。女性のそれぞれの特徴に合わせて、曲もそれぞれ異なったものを選んだ。衣装も、黄色、黒、赤のシャツを着て、それぞれの個性をだした。

【感想】 ①三タイプの女性を表現するのに、あやふやでは違いが出ないため、どのように異なったたダンスを創るか迷った。

②三人で振りを考えたり、ものすごく悩みましたが、最後の達成感は、本当にやりきった感じで良い思い出となりました。

③最初は、見よう見真似でみんなについて行くのがやっとでした。授業を重ねるごとに少しずつ変わって来るものがあった。恥ずかしさも無くなって、楽しみながらダンスができるようになった。

④自分なりに舞踊作品を考えるのは、本当に大変ですが、自分がどれだけ自己を出せるかが問題ではないかと思いました。

⑤その人の元々もっている性格、個性を生かしながら、どんな表現をしていくか

考えました。良いアイデアが浮かばない時は、みんなで意見を出し合って協力しながら作品を創ることができた。

⑥身体を動かすことが嫌いだった私が、この授業で学んだことは自分を表現することの難しさと素晴らしさです。

作品2

【作品名】「赤いひまわり」

【出演者】一名

【メッセージ】夏に咲く花、赤いひまわり。小さな種から元気よく咲いたひまわりのように、大きく大きく花を咲かせたい。

【構成】赤いひまわりは、幸せを運ぶ花。赤いスカートで花をイメージしました。

【感想】①身体を動かし、表現することが楽しく学ぶことが出来た。とても楽しくてもっと踊っていたいと思いました。

②もっとスカートを上にあげた方が良かったこと。笑顔を見せるとよいと思いました。

作品3

【作品名】「戦い」

【出演者】一名

【メッセージ】　古きよき日本を求めて……。
【構成】　胴着、袴の衣装に木刀を持つ。舞台の端から端まで使うような動きにすれば、更に迫力がある作品に仕上がったと思う。
【感想】　①もっと足を踏ん張り、腰を落としてガッチリと構えた方が良かったと反省しています。
②最初は、「表現することが恥ずかしくてどうしようか」と思っていたが、途中から恥ずかしさがとれ、踊りを楽しむことができた。

作品4

【作品名】　「海～いろいろな生物～」
【出演者】　一名
【メッセージ】　夏といえば海、海には多くの生物がいます。互いに共存して生きています。そんな海をイメージしてみました。
【構成】　衣装は、海の爽やかさをイメージしました。生物、特にわかめ、コンブのゆらゆらは、なりきってました。
【感想】　①表情がポイントだということに気づいて、もっと表情にメリハリをつけるともっと良い作品にできたのでは。

作品5

【作品名】「泥棒と警察」

【出演者】五名

【メッセージ】夜の闇をかける泥棒と警察。事件は、会議室で起きているんじゃない。現場で起きているんだ！　果たしてどちらが勝つか！　熱い交戦ををごらんあれ！

【構成】泥棒を演じる者と警察を演じる者とに分けることで、ストーリー性のある仕上がりになった。観ている側もハラハラドキドキするようにしました。小道具も使い面白みのあるものにしました。

【感想】①たくさんのジャンルの振り付け、五人の個性、多くの曲が詰めこまれているので凝縮された元気な作品に仕上がった。

②今まで、心のどこかに存在していた表現することへの照れの気持ちが、この授業によって薄れ、踊ることと表現することの楽しさを実感することができた。

③体が小さい分、人一倍大きく動くことを心がけて精一杯表現した。

④他の人の動きをみたり、他の人の動きを真似することで、自分の中でのスキルがアップしたなと思う。

⑤曲が速かったため、手をきちんと伸ばす、スタンスを広く取る、目線を上げるなどの基本的なことが難しかった。

⑥全く身体が上手に使えない。手や指先の表現、背中の使い方、全然なってない

と痛感、今後の課題である。
⑦五人の息のあった作品になった。ソロの部分は、自分のジャンルに合ったもので踊り、何種類もの踊りが混ざり合って出来た作品になり勉強になった。
⑧五人で踊ったことでチームワークが深まり、一人では出せない迫力と多種多様な動きで統一感のあるダンスになったように思う。
⑨普段なかなか出すことができない個性を発揮できる場だと感じた。

作品6

【作品名】「サーカス」

【出演者】一名
【メッセージ】幾つかの時代がありまして、茶色い戦争がありました。今夜ここでのひとさかり、今夜ここでのひとさかり（中原中也「サーカス」より）。

【構成】中原中也の詩、サーカスを参考に、サーカスの華やかな面とその裏の苦しさ、身売りなどの背景を踊りたいと思いました。

【感想】①特に、手、腕の動きを大切にしました。非日常の中にいることでの悲しさの表現、現実感のなさ、宙ぶらりんな感じをだしたい。
②舞台ではもう少しセンターを意識して踊ればよかった。メリハリや山場がなかったので、もう少し力強い表現ができれば良かった。

作品7

【作品名】「桜――追憶そして未来へ――」

【出演者】一名
【メッセージ】桜の季節に起こった出来事が、私を悲しく切なくさせる。でもこれからは、……。

【構成】桜の季節に起こった出来事、恋人を亡くし、そしてそのことが、自分を苦しめますが、これからは、元気に頑張って生きようとすることをイメージして踊りました。

【感想】①私はダンスが好きです。好きなことをやることでやりがいを感じた。

作品8

【作品名】「Duplex」

【出演者】一名
【メッセージ】表のわたしと裏のわたし、どちらも私だけどどっちも違う。どれが本当の私?

【構成】一人の女性の「二面性」を表現、日本舞踊（浴衣）からバトン（洋服）にチェンジ。

【感想】①日舞が控えめで、女性らしく、自然を愛するのに対して、バトンは、自由にワクワクと思うがままに動き飛び回るイメージで表現
②全体的にもっとピシッと決めるところは決めたかった。全てが流れっぱなしだ

った気がする。

作品9

【作品名】「ＬＯＶＥ」

【出演者】一名

【メッセージ】何があってももういいの、あなたと越えたい天城越え、傷ついたり傷つけたり恋って大変。

【構成】特徴の異なる二曲をつなげる空白の時間や二曲目の始まりの動きがあまりうまくゆかず難しかった。

【感想】①股関節が開かないため、踊りが美しく見えなかったり、体が重かったりと問題点はたくさんあるが、作品を発表することができてよかった。この経験は一生の宝です。

作品10

【作品名】「Dance! Dance! Dance!」

【出演者】二名

【メッセージ】とにかく楽しく踊ります。民族っぽい曲と衣装にも注目して下さい。

【構成】振り以外にも移動や配置を考慮した。動きを左右対称にしたり、全体的に大きく動くように努力した。

【感想】①表現というのは踊りの中だけでなく、毎日の生活の中でも使われているもので大切なものだ。これからも自分の感性を磨いていきたい。
②初日は、先生の動きを真似していただけだったけれど、自分のオリジナルの動きを創るようになって、それをみんなで真似しあうのがすごく楽しかったし、勉強になりました。
③曲に会わせて振りを考えるのではなく、身体でその曲を表現すればいいということに気づき、そう思えるようになってからは、振りも浮かんでくるようになった。

作品11

【作品名】「ウタ・カタ」
【出演者】一名
【メッセージ】「その右手一つ、私に下さいな」。想いを伝えて家路を辿って。どうせ塵に同じ……夕暮れ、台無し……。
【構成】「死に急ぐ少女」がテーマ。まず、ストーリーと感情の動きから考えた。現実に希望を見い出せず、自分の心の奈落の底でひたすら壁を作り、もだえ苦しむうち「神」の存在を知る。少女は、神に導かれ救いを求め迷い出す。そして、究極の「救い」を得る。

【感想】①いくつかの「見せ場」には気を配ったつもり、構成が平凡になった。もう少し後方下手側、上手側などアンバランスな使い方もしたかった。
②日常の動作から動きを創っていくコンテンポラリーを取り入れたかった。より人間らしさ、生身の存在を表現するため表情の変化も取り入れた。

作品12

【作品名】「Cat」
【出演者】一名
【メッセージ】夜になって活動する猫、一晩限りのなりきれていない猫をお見せします。
【構成】黒のレオタードとスパッツで猫の柔らかい動きを表現
【感想】①体が硬く猫の柔らかさが表現しきれなかった。
②ミュージカルが好きなので、キャッツの曲で猫を演じてみようと思いました。実際に猫になりきるのは難しく、ミュージカルダンサーのすごさがよく分かりました。

作品13

【作品名】「始まりの予感」
【出演者】一名
【メッセージ】始まりのきっっかけなんて、いつも曖昧で気怠くて。でもいつの間にか

……。あなたも始めてみませんか？　新しい生活、新しい恋、新しいダンス

【構成】最初のゆっくりとした曲だけだと飽きると思ったので、後半に思い切って速い曲を使用した。

【感想】①創作するにあたり、まず曲が一番最初に決まりました。次にテーマだが、今一番自分が感じていることを考えた。自分らしく踊れて気持ちが良かった。みんな踊ることが好きだという思いと温かい応援を受けたからこそ、私は私らしく踊れ、良い経験をした。

舞踊作品を作り上げる時、今後もっと考えてゆかなければならない点は、次の通りである。

①衣装について

・動きや表現をより一層引き立てるには、形態を活かした衣装が大きな役割を担っている。

・非日常性、非現実的なより強烈で、より鮮明な衣装も表現する手段として不可欠である。

②小道具について

・イメージをより鮮明にしたり、柔軟にするためにもあらゆるものが、小道具として使われる。たとえば、布、紐、ゴム、紙、ボール、人形、帽子、花、輪、台、仮面、太鼓、など身近にある物が小道具となる。

③音楽について

・曲選びは、作品を創るうえでとても重要である。
・無音も一つの音量として効果を発揮する。
・季節を感じる効果音、生活感のある街の騒音、子供の笑い声から、悲鳴、宇宙を創造する金属音など様々である。
④照明について
・明暗だけでなく、その情景を表したり、心の内を表現する。活動的、沈着的、情熱的な尺度としても効果を表す
⑤メイクと髪型について
・顔の表情、メイク、髪型は、そのものになりきるには効果的である。

5　まとめ

今回の「舞踊作品」の中には、モダンダンス・バレエ、ジャズダンス、コンテンポラリー・ダンスやストリート・ダンス、またフラメンコなど多岐に亘っており、受講生の自由で新鮮な発想の作品が多くみられた。今後の課題として創作に入る前の出発点である「テーマ」の取り上げ方や舞台空間の「構成」について、いくつかの問題点が明らかになった。

「舞踊作品」は、観る者にっても感動を与えてくれたと確信している。さらに仲間との交流を深

め、言葉を動きで表現する難しさに挑戦したことで得たことを役立ててほしい。心の底から楽しく踊り、一つのことをやり遂げた時の達成感はいつまでも忘れないでほしい。

参考文献

A・ロックハート、E・ピース（松本千代栄・石黒節子共訳）『ダンスの創作過程』大修館書店、一九七四年。

A・リビオ（前田允訳）『モーリス・ベジャール　現代バレエの精髄』西田書店、一九七八年。

柴眞理子『藤井公のモダンダンス理念』風間書房、一九九八年。

野村雅一『身ぶりとしぐさの人類学　身体がしめす社会の記憶』中央公論社、一九九六年。

矢田部英正『美しい日本の身体』筑摩書房、二〇〇七年。

「争いの文化」と「和の文化」
――二つの文化モデル構築の試み――

梅本直人

1 問題の所在と方法

個人と個人の間であれ、家庭内であれ、また共同体や国という大きな単位の社会であれ、争いがない社会はない。争いはいつも人につきまとい、人は争いとつきあってゆかねばならない。争いをどのようにとらえ、どのようなスタンスをとるかは、一つのきわめて基本的な文化的価値観である。人が人を理解し、関係を結び、交流を持続しようとするとき、その反面として誤解や感情の齟齬、摩擦、争いがつきまとう。これらを克服して初めてより深い理解、関係、交流が実現する。この争いに関する文化的価値観が、グローバル化の進展とともに問われている。とくに争いに関する日本的な文化的価値観がより大きな挑戦を受けている。日本の伝統的な文化は「和」を基本原理にし、和に到達するために人の気持ちを察し、それに自分の気持ちを沿わせる形で争いを避けてきた（後述）。しかし、このような文化は、すでに隣国のコリア、中国で通用しない。またヨーロッパや北アメリカの価値観とも異なる。これらの文化では、むしろ人の気持ちを訊ね、自分の気持ちとの違いを話し合いや論争を通して、和に到達することに務めてきた。

この二つの文化の間に争いが生じたとき、争いを解決しようとするその努力が、また新たな争いを生むことになりかねない。なぜなら、争いの仕方そのものが異なるからである。争いを避けようとする努力は、相手方にとって、対話そのものを拒否し、新しい関係を作り出すことをあきらめたと誤解されがちである。また逆に、自分を理解してもらおうとして説明する努力が、自己を主張し押しつける態度だと誤解され、対話そのものを不可能にしかねない。こうして、双方が誠実にそれぞれの伝統的な争いの解決方法に従うこと、それ自体がお互い誤解と不信の種となりかねない。

このような、お互いに解決をめざしているのに、意図せずして争いになる現実を克服するためには、それぞれが争いに関する相手方の価値観を理解しておくこと、および自分の価値観を相手方に伝えることが必要になる。特に争いを避ける日本文化にとっては、争いそのものを大切にしてきた欧米文化モデルの価値観を理解することだけではなく、日本文化モデルを欧米文化に説明することが重要であろう。本稿の目的は、これらの争いに関する二つの文化的価値観を理念化されたモデルとして提示し、その構造を記述することにある。

2　争いを避ける技術――察する文化

日本文化では「和」を尊ぶことを示すために、しばしば「一七条憲法」の第一条、「以和爲貴」を引用する。そして、日本文化は、そもそも議論することや争うことを嫌うかのような印象を与える。しかし、一七条憲法は論議することを避けていない。むしろそれを促している。そのことは第一七条の「必與衆宜論」に示されている。だが実際には最後の条文は忘れられ、最初の条文だけが一人歩きしている。この事実自体が、争いに関する日本的な価値観を示していると言えよう。それは、争うことは和にとって基本的には悪であり、回避あるいは抑制されるべきであるという考えである。

それゆえ日本の文化では、争いを避ける技術が発展した。まず個人のレベルでは、「ほのめかす文化」、「察する文化」として展開される。前者は発信者の側から見たもの、後者は受信者の側から見た同一の文化的振る舞いである。ほのめかしは、自分の意向と相手の意向の直接的な対立を避けるために、発信者が自分の意向を間接的に表現し、相手に解釈の余地を与えることである。察することは、受信者がそのほのめかしを手がかりに、発信者の真意を推測することである。察することは日本文化だけでなく、どの文化においても不可欠な要素である。しかし日本文化モデル[*1]の特色は、察することにとどめ、それ以上に真意を尋ねないことにある。自分の察しが間違っている可能性はあっても、それをフィードバックして尋ねなおすことはしない。むしろ察しの感度のよさをひたすら向上させる努力がなされる。

この日本文化モデルの対極にあるのが、欧米文化モデルである。この文化では、発信者側としては、「正直に」自分の意向を表現すること、受信者側はその真意を尋ねることを美徳とする。卑近な事例で考えてみよう。たとえば次のような状況での応対である。ゲストとして招待された家を訪問したとき、玄関先でコーヒーの香りがした。ホストはゲストを客間に通して挨拶を済ませた後、「お疲れでしょう。コーヒーがよろしいですか、お茶がよろしいですか」と尋ねた。平均的な日本人（ここでは国籍が問題ではなく、日本文化の中に育った人という意味で使う）のゲストならどのように答えるであろうか。「コーヒーをお願いします」、あるいは「どちらでも結構です」と答えると、大半の日本人は推定する。このような推定の根底には、人に迷惑をかけてはいけない、面倒や世話をかけてはいけない、という基本的な価値観がある。この価値観の前には、お茶がのみたいという自分の希望は二の次におかれる。自分の希望をおさえてホストに面倒をかけようとしなかったことは、美徳であり悪徳ではない。

しかし欧米の文化モデルは、これと異なる。欧米で「どちらでも結構です」と答えて、ホストが当惑して「でも本当はどちらですか」とたずねたり、真意を測りかねていらだったりしたことを体験した日本人は、少なくないであろう。筆者自身もドイツでそのような経験をしたことがあった。あるとき相手のホストにその理由を尋ねた。すると相手は次のように答えた。ホストのつとめはゲストの希望をかなえることである。たとえコーヒーのほかにお茶を入れることになったとしても、それは一向に構わない。むしろゲストが自分の意向を正直に（ドイツ語でehrlich）述べてくれたこと、またホストとしてその意向に応じることができることが嬉しい、と。このような文化では、ゲストが「どちらでも結構です」と答えることは、ゲストに仕えたいというホストの意向に合わない、また場合によってはその善意を踏みにじることになる。さらに自分の本当の意向をおさえて「コーヒーをお願いします」と言うことは、「正直ではない」、と言う。ホストに迷惑をかけても、自分の意向をはっきりと述べることは悪徳ではなくむしろ美徳である。それがゲストの期待された役割りである。

3　日本文化モデルと欧米文化モデルの構造

(1) 欧米文化モデル——尋ね、自己開示する文化

ここにあげた日本文化モデルが、嫌がることをしないという点では、論語の「己の欲せざることを人に施すなかれ」という言葉に対応し、欧米文化モデルが、「欲していることをする」という点で、聖書の「自分にしてもらいたいことを他の人にしなさい」という言葉に対応していることは、一応注目に値する。論語と聖書がそれぞれの文化に大きな影響を与え、迷惑を消極的に回避する文化と希望を積極的に実現しようとする文化を形成してきたことも否定できない。しかし、

この二つの言葉は、結局は「己の」欲するところ、「己の」欲せざるところを念頭に置く行動規範が問題になっている。この点ではわれわれが問題にしている相手の欲するところ、相手の欲せざるところをいかにして知ることができるのかというコミュニケーションの問題とは、少しずれがある。

欧米文化モデルと日本文化モデルとは、それぞれ前提にする社会構造が異なる。欧米文化モデルでは、多様な行動ルールが存在する、ないしはルールそのものが曖昧な、いわゆる低コンテクスト社会を前提にしている。この社会では、相手に尋ねること、明確に答えること、その上で対話をすることが必然的に求められる。「察すること」は、そもそも不可能であり、むしろ勝手に想像してはならないことが、共通の了解事項になっているからである。それゆえコミュニケーションとは、まず相手の意向を尋ねることである。相手のおかれた状況や意向を推し量ることはするものの、それは確かなことではない。それゆえに「察したこと」を尋ねて確かめることに、主眼が置かれる。それは相手にとって不快なことであっても、とりあえずまず尋ねてみることから始まる。欧米文化、特にヨーロッパの記者会見やインタービューで、記者が相手にとって極めて不快な質問を簡潔直裁に投げかけることがしばしばある。それが相手にとって不快であると一方的に察して質問を差し控えるのではない。それを確かめるために、そしてまた相手に説明と反論の余地を与えるために、そのような鋭い質問をする。質問された者もまた、それを覚悟している。その質問に対して、どのように答えるのか、で力量が量られる。このような質問が可能なのは、相手が「その質問は迷惑だ」、「同意できない」と、はっきりと言ってくれることを前提にしている。

欧米文化モデルにとってコミュニケーションとは第二に多くの情報を与え、多くの情報を交換することである。欧米文化人は、しばしば自分や自分の家族のこと、自分の住んでいる町、自分の文化について積極的に話す。また彼らは、しばしばお土産に自分の住んでいる街の写真集を贈る。これは相手を無視する行為ではなく、相手とのコミュニケーションを尊重するが故の、自己開示行為である。多くの情報を与え、そこから共通の話題を探り出す機会を聞き手に提供しているのである。

情報は明快であることが必要である。相手に不快な発言は一応は避けるが、それが最高の価値ではない。最も賞賛に値することは、不快なことも「正直に」相手に告げる、しかも洗練された形で告げることである。不快なことを聞いた場合でも、それに対して不快感を表明することも、それを否定することもできるし、それが許されている。「正直」とは、本当のことを言うことだけでなく、だれに対しても一貫してその態度を貫くことである。逆に日本文化のように、相手に合わせてものを言うこと、あるいは相手に合わせるために言うことを差し控えることは「偽善」、「へつらい」とみなされる。

対話中の沈黙は、提供する情報がないか、情報提供の拒否を意味する。最悪の場合には、対話そのものの拒否、対話の相手としての否認と理解される。たとえば日本文化人が論争や口論に嫌気が差し、沈黙をしたとしよう。あるいは反省のつもりで黙って外出したとしよう。この沈黙は、日本文化人にとっては自己を冷静に見つめようとする努力であり、自己の感情を和らげようとする試みである。すなわち自己の内面処理の行為である。しかしこれが、欧米文化人にとっては対話の打ち切り、放棄、自分が話し相手としてふさわしくないという宣告になりかねない。

自己開示をせず、自分の状況に関して黙っていることは、何も困ったことがない、順調であると受け取られる。困ったこと、質問があれば自分から尋ねることを前提にしているからである。むしろ、尋ねられもしないのに、こちらからいろいろ尋ねることはお節介になる。尋ねないことが配慮であり親切である。日本文化人が、欧米文化に入ったときに感じる「冷たさ」は、この親切に由来する場合が多い。しかし、尋ねお願いしさえすれば、欧米文化人は、過剰なほどに親身になって世話をすることがしばしばある。

欧米文化人の「私」と言う主語を、日本文化人は自己主張としてとらえがちである。日本語では通常、「私」という主語は省略されるから、この言葉を使ったときには「私」が特別に強調されるからである。しかし、欧米文化の言葉では、「私」と言う主語を使うことは特別なことではない。むしろそれは、しばしば「他の人は知りませんが、自分に関して言えば」という、自己限定の「私」という意味で用いられる。たとえば食事をともにしているときに、誰かがドイツ語で "Es schmeckt mir nicht" と言ったとしよう。この場合、「これはおいしくない」と一般論を述べているのではなく、「私はおいしいとは思わないが、皆さんはどうでしょう」と、自己開示をし、自己限定をしているのである。もちろんこれには反論・異論があることを前提にしている。自己の見解がその場を支配することではなく、そこからさまざまな論議が始まることを目論見ている。

(2) 日本文化モデル――察し、ほのめかす文化

これに対して日本文化モデルが前提にしているのは、約束事が多く、挨拶[*2]、礼儀、ルールが一様である高コンテクスト社会である。ここでは社会のルールを学習していることが、共通の了解事項になっているがゆえに、ほのめかし、察することで十分であると思われている。それゆえ、たくさんの客観的情報を与えることではなく、相手がほしがっている情報をいち早く察して、それに合わせた情報のみを控えめに提供することが期待されている。そうすることが、相手に対する配慮であり親切である。過剰な情報は、相手を無視した自己表現・自己主張としてとらえられる。

日本文化モデルでは、相手の意向を尊重するあまり、自分の意思と正反対の返答をすることもしばしばある。それを「不正直」として非難する者はいない。むしろ相手の意思に自分を合わせようとした努力を高く評価する。「正直である」ことは、日本文化モデルにとっても美徳である。しかし、その意味あいが異なる。日本文化においては、正直であることは、自分の意志や考えを相手に――たとえそれが不快なものであっても洗練された形で――明確に伝えることではない。むしろ自分の弱さや非を認めること、自分にとって都合の悪いことを告白することである。

日本文化モデルでは争いや対立を避ける努力が惜しみなくなされる。争いを回避するための一つの工夫は、自分が相手に敵対していないというサインを絶えず送ることである。日本文化人の肯定表現 "yes" あるいは「そうですね」がそれにあたる。それは、相手の意見を一応理解したことを示すのみで、同意したことを示すのではない。それは、たとえあなたと意見を異にしても、あなたと敵対しているのではありません、ということをほのめかすサインである。逆に "No" という表現は、できる限り避けられる。それは対立と争いを最も鮮明にする言葉だからである。この言葉の代わりに、相手の解釈の余地を残した曖昧な表現を使う。自分が "No" を使うことを避けるだけではない。相手が自分に "No" と言う機会を、最小限にとどめようとする。それゆえ相手に Yes か No かの二者択一を迫る直接的な問いを避けようとする。それればかりか、相手の意向を直接尋ねることを、そもそも避ける傾向にある。直截な問いと直接的な返事は、むしろ対立を鮮明にするからである。それでも尋ねなければならないときは、相手の状況と意向を考えてから尋ねる。それが相手の迷惑になるようならば尋ねない。相手が「それは迷惑です」、「それをしたくありません」という否定的返事をしないで済むように配慮するからである。

日本文化人が No と言うことを恐れる一つの理由は、日本語では、「いいえ」、「違います」は常に相手を否定する言葉であるからだ。しかし、欧米文化においては、No は相手の発言を肯定するときにも用いられる。"It is not good enough" と相手が言えば、「そうですね」は No である。No は相手を否定する言葉でだけはなく、相手を肯定する言葉でもある。それゆえ欧米文化人が

Noと言うことに、日本文化人ほどの思い込みがあるわけではない。

相手方の意向に自分が沿うことができない場合、自分の意向をほのめかして、相手がこれを察してくれることを期待する。「ほのめかし」は真意の明解な表現ではない。むしろ、相手に解釈の余地を与えた表明である。相手方は、ほのめかした側の真意を「察する」。そして自分の意向との妥協点を探る。「ほのめかし」は、自己防衛策でもある。明解な意見表明によって譲歩できない対立を生みだす責任を、それによって回避することができる。

対話途中の沈黙も、その持つ意味が異なる。日本文化モデルでは、沈黙は自分の意志、特に否定的な意志の表明である。しかしそれは明確な否定ではなく、解釈の余地を残したものである。沈黙によって、相手がどこまで察してくれるか、どのような解釈をするか待機する時間である。それゆえ沈黙は互いに自己の内で妥協点を探る濃密な時間である。沈黙はまた対立を克服し、争いを避けようとする思索のときでもある。

自分の希望や意向あるいは窮状について表現しないことも、それぞれの文化モデルにとって、意味が異なる。たとえば日本人が欧米に引越ししてさまざまなことに困っているとき、日本文化モデルでは周りの人々が困っていることを察してくれることを期待する。自分の意向を表明することで相手に余分な迷惑がかからないように遠慮をする。それが配慮であり親切である。

争いの回避は、対立そのものが存在しないという形をとる。それゆえ第一に、相手の真意を察し、その意向に自分の意向を沿わせる努力がなされる。このメカニズムが成立するには、一つには真意は察することができるという共通理解がなくてはならない。これを極端なモデルに還元するならば、人間は同一の状況では同一の反応を示すという認識モデルである。もう一つは自分の意向をできるだけ縮小させる能力に高い評価を与える文化が必要になる。究極的には、自分の意向を全く持たないことが理想となる。「察しがよく、自分がない人」が最も好ましい。

4 「争い」を回避するさまざまな理由[*3]

日本文化モデルで争いを避ける理由はどこにあるのだろうか。その理由は実に多様である。争うことはまず「和」を乱すことになるからである。それは共通の価値観、仲間意識、従来の行動様式に異議を申し立てることである。それは多かれ少なかれ、争いの相手の価値観、アイデンティティー、行動様式を否定することである。そのためには、争いの相手から平安、安心、安定を奪い、相手を狼狽、混乱、不安、怒りの状態に移しいれる。そして、いったん異議が唱えられた価値観、信頼を失った仲間意識、破壊された行動様式は、元の和やかな姿に戻ることはない。しかも、新しい共同体のアイデンティティーと価値、行動のルールが生まれるまでには、長い年月を必要とする。争うものは、長期間にわたって「平和を乱すもの」、「波風を立てるもの」というレッテルが貼られ、その責任を負わねばならない。また絶えずその争いを正当化する論理と価値観を構築せねばならない。争うものは、その非難と責任を負い続け、論理構築の努力をし続けなければならない。

　争いを避ける第二の理由は、和を乱した結果として、これまでの友人を失い、孤立するかもしれないという不安感である。友人は、己の一部であり、己の歴史の一部、己が住む世界の一部である。それは多かれ少なかれ、自己の一部を否定することであり、自己の中に空洞を認めることである。それは心の痛みを伴うプロセスである。友人を失うことは、さらに孤立することになりかねない。他者から認められることなく、一人自分自身を受け入れ、肯定し、変革する。他者に否定された自分が他者に否定されたもう一人の自分自身を肯定せねばならない。それはもはや人間の力を超えた業である。

　争いを避ける第三の理由は、争うものは争われるもの、攻撃されるものであるという事実だ。相手の矛盾をつけば己の矛盾がつかれ、相手の弱点をつけば己の弱点がつかれる。争いはありとあらゆる形の攻撃、策謀、敵視、非難、蔑視、揶揄に己をさらすことである。それは同時に、自分の仕事場や居場所が危険にさらされることでもある。

　争いを避ける第四の理由は、自分が抱く相手に対する否定的な見解を相手に伝え、また公表しなくてはならないことだ。それは相手に対する失望、不信、反感、疎遠は、自分に対する失望、不信、反感、疎遠として返ってくる。これと関連するのが、第五の理由、すなわち理想の自画像を放棄せねばならないことだ。すべての人々と「和」することができ、すべての人から尊敬され、すべての人々を統合できる懐の大きな人間という理想像から決別せねばならない。争いが公然化する前に、争いの相手と話し合い、理解し、説得し、正しい道をともに見出すことができなかった自分を認めなくてはならない。そして、公然と争うことによって、攻撃的な自己、人の弱みを指摘する自己、友人を支えることができない自己を露呈し、己の弱さ、矛盾、無力、欠陥が明らかになる。それが人の目にも己の目にもさらされる。

争いを避ける第五の理由は、第一から第五までの精神的葛藤と深く結びついている。すなわち争いは莫大な時間と精神的エネルギーを必要とすることである。この緊張関係と精神的高揚を維持するためには、健康であり、精神的に覚醒し、活発である状態を長期にわたって続けなくてはならない。時には経済的な裏づけも必要であるかもしれない。サポートをしてくれる人々やグループを組織化しなくてはならない。これに耐えられないという思いが、争いを避ける一つの原因である。

5　避けられた争いのパラドックス

このように、争いを避けようとする理由は多くあり、いずれも十分に理解できるものである。しかし、ここにあるパラドックスが存在する。避けられた争いは、解消されることなく潜在的な争いとして存続することである。和を乱すまいとして避けられた争いが、結局は「和」を乱すことになる。表現されなかった不満、隠された不信感、押さえ込まれた怒りが、仲間から距離をとらせる。実質的な友人関係は壊れ、心理的な孤立化が始まる。表層上の「和」と深層上の反発の矛盾は自己分裂と自己嫌悪を生み出す。こうして本来の自己は放棄され、自己の無力と自己の欠陥が露になり、理想的な自画像から決別することになる。そして、素直な自己の感情を隠し、争いを避けて本来の自己を否定し、表面的な友を演じ続けることは、争うことに負けず劣らずエネルギーを使うことになる。争うことは、少なくとも自己本来の姿を維持するためにエネルギーを使うが、争いを避けることは自己本来の姿を隠すためにそれを使う。争いを避けることは、争いを助長し、争いの恒常化を生み出す。そして、いつの日か怒りが爆発し、潜在的な争いが公然の争いとなる。

6　争うことの利点

「和」を尊び、争いを避ける技術を発展させてきた日本文化モデルは、欧米文化モデルが培ってきた争いの文化を知る必要がある。それは日本文化人が欧米文化人と共存し相互理解を深めるために不可欠なことであろう。争いには肯定的、積極的な側面があること、争うことには長所があることをまず認識しなくてはならない。それはまた自己の文化の長所を控えめにほのめかし、察してくれるのを待つのではなく、積極的に表現し理解させることを学ぶことでもある。

(1) 隠された争いの表面化

争うことは、第一に隠された争いを表面化する利点がある。まず個人レベルでは、しばしば和を乱すことを恐れて、自分の本来の欲求を抑えることがある。しかし、自分の内部で公にすることをためらっていた争いを持ち出すことによって、「本来の自己」と「集団の和を尊ぶ自己」との内面的葛藤や相克が認識され、理解され、討議され、解消される可能性がある。すなわち、その葛藤が葛藤として表現された場合は、他者がその葛藤の存在について少なくとも認識し、場合によっては理解し、さらには解決をともに図ることまで進むかもしれない。自己の欲求が葛藤よりもはるかに強く、それのみが全面的に表現された場合には、複雑で屈折した自己が解放され、単純で素直な自分に戻ることができる。

また集団レベルでは、その集団が抱えていた諸問題が白日の下に置かれ意識化される。見せかけの和から、本当の和への模索が始まる。争点が明らかになり、対立の構造も明確になる。このことは争点および争点にかかわる当事者の二つに関係する。表面化される以前、争点は、相手のグループにその存在さえ意識されなかったり、その重要性が無視、無害化、あるいはタブー化されたりしている。この争点が表面化し、取り上げられることは、それ自体意味がある。取り上げられたという事実は、それがどのように解決されたか、ということにも劣らぬ重要性を持つ。それはすでに5節の「避けられた争いのパラドックス」で述べた危険を回避することになるからである。さらに、表面化された争点は、早かれ遅かれ、決着されることになる。たとえその決着が不満足なものであっても、次の新しい段階へと進むことができる。

争点にかかわる当事者もまた、社会的な認知を得ることができる。問題を提起することによって、まず、無視されていた問題提起者の存在そのものが認められるからである。一九九八年、ハンセン病の元患者さん一三名がハンセン病補償法訴訟を起こすことによって、数十年にわたって不当な差別と苦難を受けてきた多くの人々に光が当てられた。二〇〇一年に、国の責任を認める判決が下ることにより、補償法が制定され、国の謝罪広告が全国の新聞に掲載された。これによって元患者さんたちの名誉回復がなされた。

(2) より正確な争点の認識

争いの利点の第二は、より正確な認識を生みだすことである。個人的レベルにおいても、集団レベルにおいても、一方的な思い込みや、偏狭さ、ステレオタイプ化されたイメージ、偏見が、争いの相手によって相対化されるからである。時には、さらに一歩進んで修正されることもある。

個人的レベルでは、争いに出すことによって、自己が抱えていた問題を自分だけの主観的問題ではなく、集団あるいは社会的に共有できる客観的な問題として認識することができるようになる。争点となるのは、もはや自分の問題ではなく、自分に代表される集団や社会の問題である。これによって、しばしば個人は自責の念から解放される。問題を一人で抱えているときには、その問題の原因を自分の無力さや性格に帰して自己を責めがちであるからだ。多くの喘息などの公害病がその例である。最初は個人の体質や家庭環境に起因する病気として、それからある地域だけがかかえる工場や交通の問題として、最終的には日本社会全体が抱える環境汚染や排気ガス問題として一般化されていった。

集団的レベルにおいても、会議や議会における討論が、新しい認識、問題点の鮮明化をもたらすことは言うまでもない。企業内の派閥や議会における政党の対立は、問題が議論されるまでは、それぞれのグループの全面的対立としてとらえられる。しかし、議論することによって、問題認識、課題の意識化、課題の遂行方法、遂行時期、遂行機関のどこに共通点があり、どこに対立点があるのかが明確になる。それによって派閥や政党を超えた共通認識を得ることができる。これは、将来の別の争いを解決するに際して、共通の出発点となることができる。

さらに派閥や政党は、つねに仲間意識の強化、仲間の利益の拡大、仲間の昇進を追求する傾向がある。そして、しばしばその派閥や党派の利益が、企業や国全体の利益よりも優先される。会議や議会での討論は、企業全体、国全体の利益とは何かを明確にさせ、それぞれの党派の自己完結的な論理の限界を認識させる。

（3）相手に抱く否定的幻想の変化

争いは第三に、相手に対して抱いていた否定的な幻想がやわらげられたり、解放されたりすることである。争うことにより、相手が何を大切にしていたかが見えてくると同時に、相手の主張とその根拠が理解しやすくなるからである。こうして相手の否定的な幻想が部分的なりとも消え、現実的な姿が浮かび上がってくる。そして相手の立場と論理が理解できれば、たとえそれに同意できなくても、相手を評価できるようになる。組織内での論争では、立場こそ違え、一貫して主張する論争相手に敬意さえ生まれることがある。さらに、立場を超えても話し合えるという、論争相手に対する信頼も生まれる。その論争を通じて相互理解や解決に到達した場合には、さらに安心感さえも生まれる。将来また対立することがあっても、この論争相手とは、忌憚なく話し合うという共同作業を通して、解決策を見出せるに違いないという安心感である。

シエラ・レオーネの和解の儀式[*4]もまた、相手に対する否定的幻想が解き放たれた例であろう。このアフリカの国では、一九九一年以来内戦が続き一九九九年の内戦終結までに、五万人が亡くなり、二五〇〇の村が破壊された。しばしば殺害の犯人と犠牲者は同じ村の隣人である。国連の援助を受けた「真実委員会」は村々を訪れて、七日間にわたる和解の儀式を行う。その間殺害者は、村の長老たちと住人に囲まれて真実を語る。犠牲者の家族も、村人も自由に質問、発言できる。分かってきたことは、殺害者の多くは、強制的に徴用された少年兵であり、多くの場合彼ら自身も被害者である。遺族たちは彼らに殺害の責任を問いながらも、それにいたった事情は理解し、また真実を述べて身をさらした殺害者に、それなりの評価を与える。二〇〇〇年に起きた西鉄バスジャック事件の被害者の一人山口由美子さんは、「ほとんどの加害者は、それまでまわりの人々からの被害者だったということに、バスジャックをした少年を通して気づきました。いろんな人から心を傷つけられ、そのやり場のない気持ちをだれにも理解されずに、ぎりぎりのところで自分の尊厳を守るため、他人に刃物を向ける人がいるのです」と述べ、「被害者と加害者を分けて考えるのではなく、同じ船に乗り合わせた運命共同体だと考えます。一つの事件を通して、お互いどう折り合いをつけていくのかが大事なことではないでしょうか」と結論づけている。[*5]

（4）新しい自己認識

争いは第四に新しい自己認識を生む。個人レベルでは、争うことによって、今まで「和」を重んじて、周りに同調し、自分を押し殺してきた自己から解放される。そして、新しい自信を獲得し、今までは不必要であった新しい能力に目覚める。すなわち、孤立を恐れない強さ、新しい仲間を求め接触し、新しいグループを作る自発性、創造性、行動力である。それと同時に争うことによって、論駁や中傷に耐える忍耐、反論する表現力をも得る。さらに、「和」のみを重んじていたときには見えてこなかった能力が求められる。それは、対立にもかかわらず、相手と対話し、相手を理解しようとし、相手に感情移入できる能力である。しかし同時に、自己の能力の実際的な大きさにも気づかされる。自己の行動力、忍耐力、表現力、対話能力、感情移入能力の限界をも知らされるからである。こうして対立は、人を謙虚にさせる。

（5）新しい「和」の形成

このような問題の広がりは、あたらしい「和」を生み出す。公害の多くの患者さんやその家族、支援者の連帯は、地域を越えて国全体に広がった。一九五〇年代半ばから一九六〇年代におきた水俣病、四日市喘息、イタイイタイ病、新潟水俣病は四大公害裁判となり、水俣、四日市、富山、新潟という地域を越え、一九六七年の公害基本法の制定、一九七一年の環境庁の設置に影響を与えた。これは社会全体の「新しい和」の形成といってよい。上に述べたシエラ・レオーネの場合も、七日間にわたる和解の儀式の最終日には、殺害者の血にまみれたズボンを脱がせ、それを洗い、彼に民族衣装を着させることで、彼をもう一度共同体に受け入れる。殺害者も犠牲者の家族も、そして村全体も、それぞれが変わることによって、対立を超えた「新しい和」が生まれたのである。

争いを水面下に隠していては、不満を内包した現状維持が続く。しかしそれを表面化すれば、どんな形であれ、新しい変化が生まれる。自分自身についても、相手についても、また共同体全体についても新しい動きが始まるのである。それが一時的に否定的な現象として現れようとも、長期的にはプラスに転じる。それは「隠された争いのパラドックス」で指摘したとおりである。

7　回顧と展望

これまで、争いの文化と和の文化という二つのモデルで文化的価値観の構造を対比的に叙述してきた。それぞれの文化は、その構造を保ちながら千年以上存続してきた。それなりに自己完結し、安定し、受け入れられてきた価値観である。本稿が、この構造と文化的背景の一端を明らかにしていることを願っている。

本稿で触れることができなかったことは、まず洗練された争いとは何か、である。争いは自己にとっても相手にとっても共同体にとっても致命的になることがある。そうではなく和解をもたらし、新しい自己、新しい相手、新しい共同体をもたらす創造的な争いがあるはずである。そういう洗練された争いとは何かについては、稿を改めて論じてみたい。さらに、争いの文化と和の文化という二つのモデルが接したときに、どのような問題が起きるか、またそれを克服するにはどうすればよいか、という問題が残されているが、これは今後の課題にしたい。

最後に強調しておきたいことは、この二つの対立モデルも、実は共通した価値観に基づいていることである。それは、争いではなく、和が目的であることだ。違いは、争いをすることによって和を得るのか、争いを避けることによって和を得るのか、という点にある。この共通点が、二つ文化価値観の相互理解のための、一つの出発点になることを指摘しておきたい。

注

＊1　この論考で「日本文化」および「欧米文化」、また「日本文化人」および「欧米文化人」とは、以下に述べる文化モデルに対する命名である。したがって、現実的に存在する欧米や日本を対象とする分析ではない。それゆえ地理的な多様性、歴史的変遷を考慮したものではない。

＊2　日本の挨拶は定型句を覚えることである。日々のリズムが、様式化された挨拶で区切られている。「おはようございます」「いただきます」「ご馳走様」「おやすみなさい」。先生に会えば「いつもお世話になっています」と言い、同僚と別れるときには「お疲れ様」と言い、知り合ったばかりの人には「こんど、家に遊びに来てください」と言う。これと正反対にあるのが、ベドウィンの挨拶である。ベドウィンは、挨拶は常に即興的で独自のものでなくてはならない（片倉もと子著『移動文化考』、岩波書店、一九九八年参照）。日本在住の外国人は、はじめはこの定型句的な挨拶を覚えるのに苦労する。しかし、いったん覚えてしまうと同じことを繰り返すだけだから、きわめて簡単なことであると言う。彼らがしばしば非難することは、これらの挨拶が実質を伴わないことである。「こんど、よかったら家に遊びに来てください」という言葉が実行に移されることはまれだと言う。

＊3　争いの回避する理由、争いの利点に関しては、著者が偶然入手したＴＺＩ（Themen Zentrierte Inter-aktion）の簡単なレジュメ（Ａ４判で２枚）にヒントを得たものである。このレジュメは、成人教育のためのレジュメであり、理論的に考察されたというよりは、具体的実践的な観点から記述されたものである。

＊4　*Die Zeit*（二〇〇四年二月二六日）の記事 “Killer üben Nächstenliebe” を参照。

＊5　http://homepage2.nifty.com/shihai/message/message_yamaguchi.html

日本におけるこれからの多文化共生

——当事者主体の留学生ネットワーク実践から——

高野文生

はじめに

「留学生のネットワークを作ろう！」と筆者がはじめて言ったのは、一九九八年のことだった。あれからすでに一〇年の歳月が過ぎた。遠い過去のような気もするし、つい昨日のことのようにも思える。当時、私は外国人留学生を担当する大学職員だった。後述するが、大学職員になるとき、「この仕事は天職だと思います」と応募作文に書いた。しかし、それは自分を売り込むためのセールストークで、実のところ何の使命感もなかった。入職してその後、後述するようなさまざまな事件や問題に遭遇し、それと日々向き合う中で、天職だと思うようになっていった。いや、ライフワークにしたいと思うようになった。その経緯を多く織り交ぜつつ、本書の読者にも擬似体験ができるような文章になることを願い、留学生ネットワークの必要性、問題解決の意義についていっしょに考えていければと思う。

1　留学生ネットワークの必要性

(1) 留学生の困難

昨今、わが国における外国人留学生への社会的な視線は、報道などで留学生が犯した犯罪が大きくクローズアップされるなど、必ずしも暖かいものとは言えない。一方、「韓流」と総称される韓国映画やドラマの流行など、文化的、人的国際交流は年々盛んになってきている側面もある。筆者が主宰する団体には、日本の若い世代を中心とした「留学生と交流したい」という要望が年々増えつつある。しかし、外国人留学生への社会的支援はとても十分とは言えない。その背景には日本でいまだに根強い外国人差別がある。さらに問題は、そうした留学生の困難が一般的にはあまり知られていない、ということである。

読者は、「外国人」と言うと、どんなことを思い浮かべるだろうか？　あるいは、「国際交流」「留学生」と言うと、何をイメージするだろうか？　英語でしゃべらないと？　と思うのではないだろうか？　あるいは、テレビや新聞・雑誌でよく見かける「犯罪」「治安悪化」を思うだろうか？　どちらにしても、「コワイ」というイメージをもっていないだろうか？

筆者が創設し、今も理事を務める非営利支援団体は「日本の内なる国際化」に寄与することを目的とし、活動としては外国人留学生支援を行っている。具体的には外国人留学生のアルバイト紹介や部屋、保証人の紹介、トラブル相談などだ。その団体のもとに寄せられる問い合わせや、実際に訪れた人の感想を聞いても、「英語で話さないといけないのかと思っていたので日本語が通じてホッとした」とか「犯罪はどう思いますか？」といった言葉がよく出てくる。

二つの極端なイメージがあるように思われる。ひとつは、エリートとしての留学生、外国人である。もうひとつは、逆に貧しい者としての外国人である。そして、同情の対象になったり、あるいは警戒、さらには蔑視の対象になったりしている。警察やマスコミによってここ数年続けられてきた「外国人犯罪キャンペーン」は、「外国人が日本に悪いことをしに来ている」というまったく誤った先入観をうえつけ、イメージを形成してしまったように思われる。日本に来て一年くらいの外国人留学生から真顔で「日本人も犯罪犯しますか？」と聞かれた時ほど、警察とマスコミとが一体となったキャンペーンの浸透ぶりを思い知らされたことはなかった。実際には九五％以上の犯罪は日本人によって行われているにも関わらず、多くの人の目が曇らされている。

いずれにせよ、「コワイ」、自分たちとは別の存在だ、という意識が依然、根強いのではないだろうか？

しかし、筆者がかつて大学の職員として接した外国人留学生たちは、特別に守られたエリートではなく、また、「コワイ人たち」でもなかった。ごく普通の、若者たちであった。日本語が驚くほど流暢な者も少なくなかった。英語を使う場面は、交換留学で来ているごく少数の留学生を除

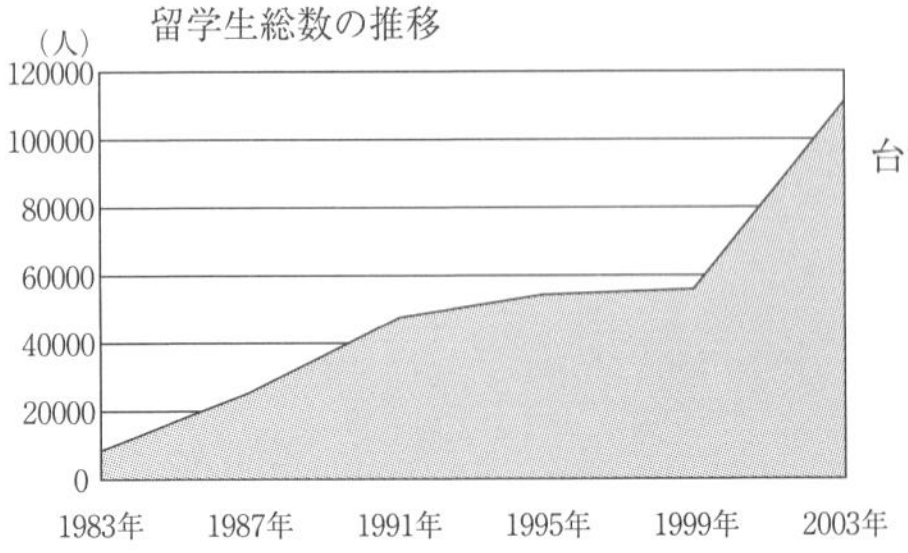

図2

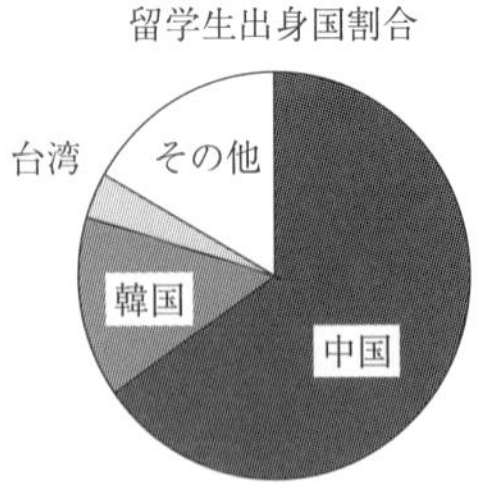

図1

（注）文部科学省発表統計よりＮＰＯ法人ＴＡＥ作成資料

いて、ほとんどなかったのである。

実は、日本に来ている留学生の九〇%はアジア出身である。一番多いのが中国であり、二番目が韓国、三番目が台湾である。アメリカは第四位であり、一〇%に満たない。第五位はタイで、ヨーロッパ出身者はずっと少ない（図1）。

一九八三年から中曽根元首相の提唱で始まった「留学生受け入れ十万人計画」が二〇〇三年に達成され、戦後わずか五〇〇〇人前後であった来日留学生数はわずか二〇年で二〇倍以上になった（図2）。しかし、現実の留学生たちの思いと、受け入れている日本の体制との間には、不幸としか言いようのないズレがある。

例えば、外国人であることを理由に部屋を貸さない家主が九〇%もいる。[*1]これは外務省も認めるわが国おける「人種差別の例」（国際連合人種差別撤廃条約を解説した外務省のリーフレットより）であるが、こうした人種差別を禁止する国内法はいまだない。また、外国人登録証の常時携帯義務制度という南アフリカのアパルトヘイトにも擬せられる警察による常時監視体制に対しても不満は高い。警察官の職務質問を受け、筆者の団体にＳＯＳを発信してくる留学生もいる。

こうした差別的態度はとくに、アジア出身の留学生に対して顕著である。端的な例を言うと、日本の法務省入国管理局（＝入管）の職員の態度だ。かれらは、ビザの許可という、外国人の日本居住を管轄する、ある意味で外国人専門警察のような存在だが、外国人や関係者の評判は良くない。例えば、入管職員は窓口で英語しか話せない外国人が来ると英語を使って対応していることがある。しかし、筆者が中国人学生のビザの相談で行った時に、通訳ボランティアが中国人学生に中国語を話すと「中国語を話すなら出て行ってください」と言ったこともある。また、大学職員の時に大学間協定を結んだ交換留学生の扱いも、人種で異なっていた。オーストラリアの大学と学生交換をしていたのだが、「白人」学生の時は書類はファックスでもよく、同じオーストラリアの大学生でも「中国系」学生の時になるとなぜか「原本を郵送せよ」と原則論をふりかざした。

留学生受け入れ、あるいは外国人受け入れ、とは、実は、アジアを受け入れる、ということである。それができてはじめて日本人は「日本人至上主義」から解放され、真に平等な人間として、欧米出身者とも対等な関係が持てるようになるではないだろうか？　アジアで真の友人になれない孤独感が実は、劣等意識となり、欧米への過度な警戒感やこびへつらい、またその裏返しでアジアへの「逆ギレ」、傲慢な態度になってしまうように思う。

これはよく言われていることではある。しかし、それを実際に経験した私は、決断を迫られ、結果、大学での仕事を辞めることになった。そして、留学生の仲間にほだされて、自前でネットワークを作り、問題を解決できる力をつくる、という難事業に挑むことになったのである。その経緯を振り返つつ、このネットワークづくりに必要なこととは何か、検証していきたい。そして、そのネットワークがもたらすものについても考えてみたい。

(2) 国の姿勢、社会の風潮

一九九六年。筆者が留学生の課題に取り組むようになったのは、東京の某私立大学の国際交流課職員にたまたま転職したからだ。それまでは特に留学生支援をしよう、という使命感は持っていなかった。その実態を知るまではじめに書いたように、筆者も留学生＝エリート、恵まれた者、という認識だった。

大学の国際交流課職員としての初仕事は、韓国の留学生から「態度が悪い」と注意された日本人学生が大学職員に持ち込んだ相談だった。「せっかく助けようと思って接したのに、やっぱり韓国人は！　と思いました」という話を課の先輩職員と聞いた。自分は現場の状況は完全には飲み込めないが「やっぱり韓国人は！」というその「やっぱり」にその日本人学生の偏見、思い込みを見て、違和感を拭い去れなかった。

当時、欧米からの交換留学生には一人に対し、何人もの日本人学生が友達になろうと言って集まってきていた。それに対し、アジアからの留学生は一〇人、二〇人に対し、やっと日本人学生一人、二人くらいが交流したい、とやってくる程度だった。そんな中で、留学生から文句を言われると「逆ギレ」してしまう日本人学生もいた。そういう学生の態度は、文化的な衝突から何かを学ぶ、というよりは、偏見の枠の中にもどって、偏見を確かめ、その枠の中で安心してしまう一種の保身のように思われた。そして、それに対して、ちがう見方を促そうとするアドバイスをせずに、ただ共感してしまっている先輩職員にも疑問を抱いた。

つぎの仕事は、大学に来てわずか一週間で起こったのだが、国も動かす大事件となった。ビザが不許可になったという韓国女子留学生の相談だった。大学に入学してもう何ヶ月もたったというのに、日本にいられない、帰国せよ、という通知書一枚もって彼女は青ざめていた。その理由には驚かされた。「下記の理由により在留更新を不許可とする。記　在留に相当する理由がないため」。理由がない、というのが理由？　その権力性をかぎとった私がその場ですぐにその通知書を発行した法務省入国管理局（入管）に電話して理由を聞くと「電話では答えられません。出頭していただければゆっくりご説明します」と言う。「シュットウ」？　犯罪者扱いである。本人にちゃんと書類は出したのか、と事務的な調子で質問をしている先輩職員を促して、三人でいっしょに東京入管に行ってみると、専門学校を出てから大学には進学できないことになっている、と言われた。法務省令があるのだと。それは、学生は知らなかったし、進学している学生もたくさんいた。それはあくまでも例外だと言う。その基準は「勉学内容に一貫性があること」。しかし、その学生は「日本文化」を勉強し「コミュニケーション学部」に進学した。それは一貫性あるのでは？　と問うと、入管職員の答えがまた予想外だった。「コミュニケーション、って何を勉強するんですか？」知らなかったら、学校に電話して調べれば良かったのに！

実は、入管にこうした対応をされるケースは多かった（今でも多いのであるが）。あるコンピュータの専門学校を優秀な成績で卒業した中国の留学生は農学部に入ったので「一貫性がない」と理由で帰国を余儀なくされた。コンピュータを勉強した学生は工学部なら許可する、という方針だったのだ。ところが、農学部といっても、農業工学科であり、そこでは当然コンピュータの技術や知識が必要だったわけだが、その大学も彼を代弁し支援し切ることはできなかった。

それがなぜわかったのか、というと、大学担当職員の集まりの場で、参加していた法務省の人に質問し、アンケート票を配ったからだった。担当者のネットワークがこの事件を機に出来て、いろんな大学職員が何かあったら情報を求めて私に尋ねてくる、という状況が生まれた。ある意味で、留学生支援情報ネットワークが出来てきたのだ。

そして、この事件では、国会議員やマスコミとも人脈のあるNGO関係者とも協力し、内部者でしか知りえない情報を集め、それをうまく外部化し、支援者・協力者を増やしていった。今も思い出すのだが、なかなか状況が進まないことに苛立ち、当局への怒りをストレートに表したいと何度も思ったが、人脈のカギをにぎる人物からいさめられた。支援者は、情報を集め、事実を客観的に整理し、そのリリースによってサポート体制を形成し、他の支援関係者との関係を維持し、各ケースのスケジュールをおさえ、各自がやるべきことを整理し、ゆれ動くこともある当事者を安心させ、もしあるプランがだめだった時の対案まで用意することが役目だった。いまでも、私がやっているのは、相談分野では、そういう仕事である。

しかし、多くのマスコミが取材に動いたこのケースは、私が関わった留学生は救済され、さらに、数ヶ月後には、法務省から異例の通達が出て、法務省令については「弾力的に運用すること」という、専門学校や大学への進学や企業への就職を公式に認める、実質的な方針撤回となったのである。

(3) 大学の姿勢

人をサポートする仕事、しかも、社会を動かす、変化をもたらす仕事。これは大変面白い仕事だと思ったものだ。しかし、大学は決してそのような職員を求めてはいなかった。留学生に関して言うと、かれらの直面するのは、アルバイト、部屋探し、保証人さがし、と生活権、最低の生存権に関わるものである。入居拒否は九〇%にも及び[*2]、部屋や時にはバイトを見つける時にまで「日本人の保証人」を求められる、という外国人特有の困難に対し、日本はほとんど無策に近い。大学も、非常に後ろ向きである。欧米の留学生は歓迎するが、アジアからは邪魔者扱い、せいぜいが「いいお客さん」、学費を払う分だけは、という学校が決して少なくない。例えば、私は職員の時に、大学を訪れた文部科学省の外郭団体の人に、アルバイト紹介をするのに留学生の情報を提出してほしいといわれ、それなら、留学生可の（そう、留学生、外国人お断りのバイト先もまた多いのだ）アルバイト情報を大学に直接ファックスする仕組みを作ってほしい、と逆提案を行った。数ヶ月後、それは実現した。かれらは「お役所仕事」ではなかったのである。ところが、肝心の私の大学は、どこの課がそれをやるかでボールの投げっこをし始め、結局、恥ずべきことに私の大学だけはそのシステムに参加しなかったのである。

大学担当者間や行政との支援ネットワークが次第に出来ても、その大学にいては人を助ける仕事ができないな、という無力感が募り出した頃、決定的な事件が起こった。それは、大学内での差別事件だった。一九九七年、私が大学に来てちょうど一年経って、「留学生がけんかを起こした！」という知らせが私のいた課に入ってきた。あれ？　おかしいな？　というのが最初の直感だった。なぜかといえば、留学生たちは私語が絶えない日本の大学のクラスの中で、最前列に座って、先生の言うことを聞こうとしていた。他の日本人学生が授業中うるさい、しかも先生は注意してくれないという苦情も聞いていたから、かれらが問題を起こす、とは思えなかった。よくよくヒアリングをしてみると、なんと、日本人男子学生が韓国人女子学生を性的に侮辱した、という事件だった。これは二国間の歴史を少しでも知っていれば、単なるセクハラにとどまらず、いかに民族間の大問題に直結するか、すぐにわかるはずだと思った。大学の教員たちはそうしたことを専門にやっているわけだから、逆に教育の材料として、これまでの歴史教育、共生教育を見直す、いい機会になる、と当時は非常に楽天的に考えたものだった。

ところが、大学はちがっていた。はじめは、抗議に行った留学生の「処分」ということが言われ、何度も話し合いの場がもたれたが、最終的にはけんか両成敗的に日本人学生ひとり（その場にいてからかったのは複数だったのだが）、抗議した留学生ひとりが注意処分を受けた。「問題処理」を担当した責任者が留学生代表に言った一言が忘れられない。「やっぱり、韓国人は！」とその責任者は言ったのだった。先に日本人学生が留学生と衝突したときに、「やっぱり韓国人は、っていう偏見かも知れないけれど、そう思っちゃいましたよ」とステレオタイプの発想にもどることで自分はまちがっていない、と安心しようとしていたことを批判したが、大学の重要ポストにある者もまた、自分が批判されたと感じた時に、同じ心理的な防御反応を起こしてしまったのである。

（4）第三者としての市民的支援ネットワークの必要性

巷でどんな差別があったとしても、留学生にとって大学は最後の逃げ場であり、最大の理解者であり、最良のサポーターであるべきだ。しかし、実際には、この事件のように、体面を最重要視し、社会問題化を何より恐れる組織は、事件が外にもれることを何より恐れる。だから、私の団体に来たボランティアの人が言っていたのだが、アメリカの大学では、留学生は最初に留学生アドバイザーから「人種差別があったらすぐに言ってください」と言われると言う。人種差別があることを認めていることがまずちがうな、と思うのだが、もし大学が事が大きくなることを恐れてもみ消しに回り、被害者の口封じ（これは簡単にできてしまうことなのだ。進学させない、就職を応援しない、などなど。その国に人脈のあまりない留学生にとってはより決定的である）をするとは思わなかったか、聞いてみた。自分の経験からである。すると、その大学では、キャンパスの中に地域のNGOが入っている建物があって（NPOとの連携、大学の開放）、何かあったらそこにかけこめばいい、そんなポスターもたくさん貼ってあった、という。私のNPOもだんだんインターンシップという形で、学生がNPOでボランティアをすると単位を認める、という形で協力関係を作り出しているが、アメリカのそうした面は学ぶべき、真似るべきだと思う。もっとも最近では日本でも、内部告発をした人を保護する、ということが言われ出していて、二〇〇五年四月からは公益通報者保護法が施行された。しかし、実際にその事件を告発した私は大学から「裏切り者」の烙印を押されてしまったのである。

大学の外に「敵」がある問題、すなわち、入管や警察、不動産、アルバイトさがし、といった問題では大学は積極的に応援はしなかったが、妨害まではしなかった。中立ではいてくれて、ある程度の仕事をさせてくれた。しかし、大学「内」の問題について、私が外に訴え、支援ネットワークを作ろうとしたことに対しては、まったく逡巡せずに敵対した。私と、私と共に行動した留学生への誹謗中傷にとどまらず、その事件が事件として、大新聞の第一面を飾った次の瞬間（このとき、私はまだナイーブだった。きっと大学は考え直してくれるだろう、と心底、思っていた）、停職処分三ヶ月、留学生担当課の異動を命ぜられた。

そんな私だからこそ、ネットワークの大切さを思うのである。やはり、ひとつの大学だけにいては、問題は解決できない。内と外をつなぐネットワークが必要である。また、外国人も外国人だけのネットワークだけでは日本の中での問題を解決できない。そして、人を受け入れる社会とは、そうした問題解決能力の高い社会であり、そうしたネットワークを認め、活用する社会である。

2　留学生ネットワークの実践

(1)　留学生の三つの悩みを解決するネットワーク

いま、社会のあらゆる階層にネットワークを求めて活動を続けている。決定的に大事なのは、孤独からかれらを救済することである。ＮＰＯとして、日本の保証人制度というのを逆手にとって、じゃあ、ボランティアで保証人を引き受けよう、というネットワークを市民の間につくっている。実は、ビザの問題にしても、入管はよく保証人を立てるように求めてくる。部屋でも貸してもいいけど、保証人がしっかりしてないと、と言われる。どうやって、外国人としての苦しみを救済するシステムを作ることができるか？　それには、国の政策を変えることもあるが、独自にやることは、ネットワークをつくることである。そして、保険や共済組合のように、お金を出し合って、集団として保証に伴うリスクをカバーする仕組みを作った。経済的なリスクは計算ができるのだ。それをだれもやろうとしなかっただけに過ぎない。私たちの取り組みは、トヨタ財団から支援を受けたり、東京青年会議所から表彰されるなど、社会的にも認知されつつある。保証人ネットワークをもとに、アルバイトや部屋探しまでも解決できる、ここ数年の支援者としての夢は、構想段階はクリアし、実現段階に入っている。

悩みとは、裏返して言うと、そこに必要性がある、ということである。ニーズとは、同時に、欠乏を意味している。ニーズがあれば、それを解決する方法やサービスも存在するはずである。市民が自主的に行えば、それはボランティア団体の活動内容となり、政治家や行政が行えば、政策となり、企業が行えばビジネスになるはずである。その必要性に共鳴し、お金を出したり、知恵を出したり、それぞれが持つ資源の提供を行う、その結節点を作り出せたなら、ネットワークはつくられるはずである。ボランティアとして係わりたい人はそうすればいいだろうし、政治家であれば、政策に取り入れればいいだろうし、ビジネスパーソン、企業家は、それを事業とすればいいのである。

筆者は、実は最初、会社を作ろうとしていた。処分を受けることになった事件の渦中にいた留学生から「経済的に自立しないと発言もできないですよ」と言われ、その通りだと思ったからだ。大学職員のままで、また国際交流課にもどることも考えた。しかし、すでに烙印を押されてしまったから、当面はもどれない。しかし、そこで得られた知識や経験、何よりも情熱があるうちに、何かを始めたいと思ったのである。

しかし、私は「もうけること」それ自体にあまり熱意をもち得ない性格、生まれ育ちをしていた。そして、そうしたノウハウもなかった。私は留学生にこう言った。「会社を作るのはいいが、やりたいと思うことしかしない。そして、それは留学生から見た視点を日本社会に生かす、という仕事だ。それでもいいか？」と。留学生は「もちろん！」と答えた。それが、東京エイリアンアイズ（ＴＡＥ）＝東京の外国人からの目、という一風変わった名称をもつ団体の始まったきっかけだったのである。

一九九九年。団体なのか、会社なのか、よくはっきりしない集団がまず始めたことは、留学生のアンケート調査だった。留学生の声を集めてインターネットで発信しよう、というのが、私たちのまず始めたことだった。何人かに熱くこの思いを語っているうちに、共鳴した、これまた留学生（彼は中国出身だった。現在は大学教員になっている）が、「みなさんのおっしゃっていることは、ＮＰＯというのですよ」と教えてくれた。「ＮＰＯ？」と聞き返したことを覚えている。利益追求が目的ではなく、社会変革を目的としつつ、事業を行う新しい組織形態があるのだと。これで、ＮＰＯとしてのＴＡＥが始まったのである。

そうアドバイスしてくれた彼も含めた留学生を中心とする会を月に何度かもつうちに、留学生の側から、大学の留学生ではなく、日本語学校の就学生を支援しましょう、という声が上がってきた。日本の留学生は一〇万人を越えたが、実は、来日すぐ大学や専門学校に入ることができる者はほとんどいない。現在七万人にも及ぶ外国人学生は「留学」ビザは発給されず、「就学」というビザが発行される、就学生として、日本語学校という民間教育機関に所属している。来日から

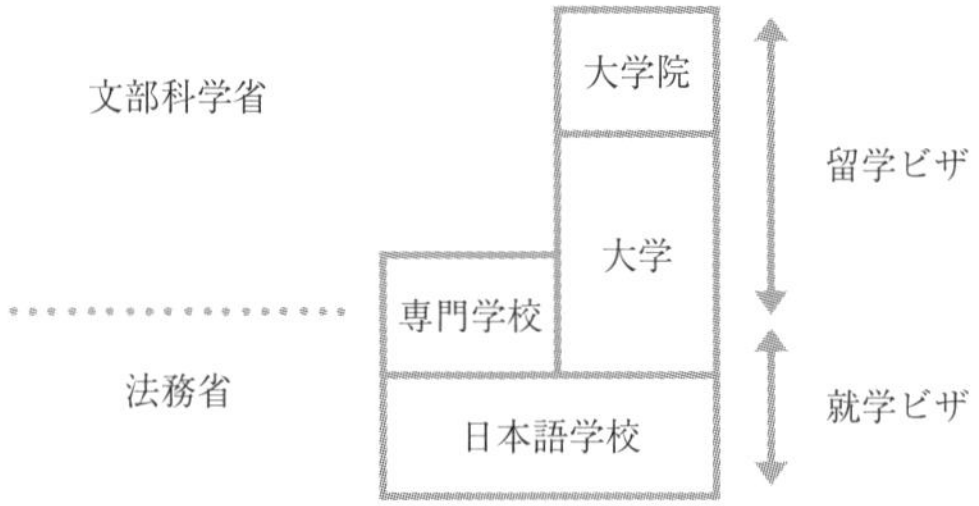

図３　（ＮＰＯ法人ＴＡＥ作成資料）

二年を限度に日本語を勉強し、そのうちに、専門学校や大学に進学するか、帰国するかを決める、というのが日本留学のパターンなのだ。そして、この時期、もっとも支援が必要な時期に、実は社会的な支援がほとんど得られない、ということが分かってきた。

これは、ＮＰＯを始めた大きな成果だった。大学職員という立場を守り続けていいては決して見えて来なかっただろう、留学政策の全体像、構造的問題が見えて来たのである。

日本留学は、はじめ、日本語学校という教育機関から始まる。この段階は、文部科学省の管轄ではなく、実質、法務省の管轄といえる。日本に来るための許可、すなわちビザを発行するのは外務省と法務省の役割だが、日本に来てからの更新の許認可権は法務省入国管理局が持っているからだ。文部科学省の日本語学校に対する態度はあいまいである。奨学金も一〇〇人に一人くらいしか出ず、交通機関も学割を認めない。

そして図４にみるように、この日本語学校という日本留学の入り口とも言えるところで、奨学金がないためにアルバイトをせざるを得ないが、日本語学習中の外国人にはなかなか見つからない。また、部屋も外国人というと拒否される。さらに、日本に来て間もないというのに、日本人

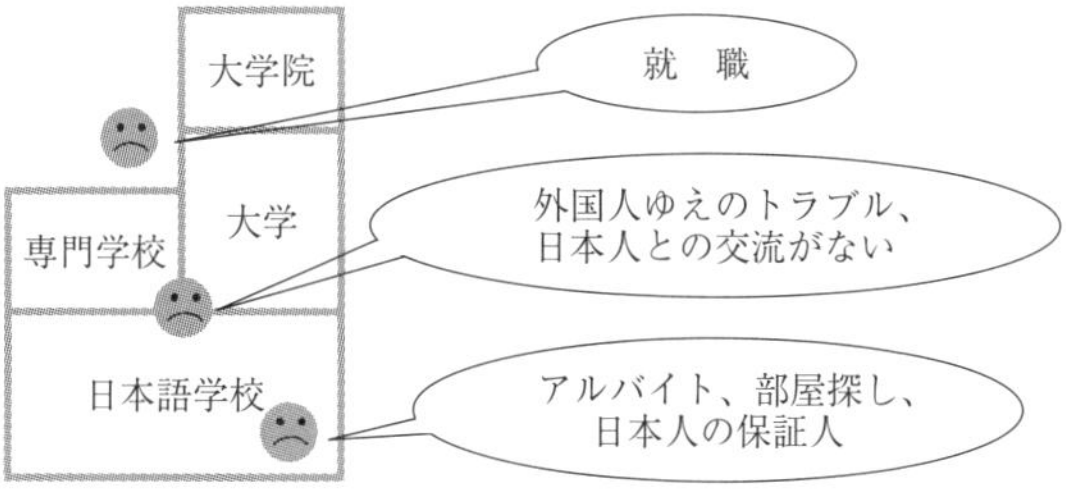

図４　留学生の抱える悩み（ＮＰＯ法人ＴＡＥ作成資料）

の保証人を立てろと言われる。これもなかなか見つからない。

入り口に問題が多いのだが、大学や専門学校に入ってようやく本当の「留学生」になっても悩みは尽きない。外国人ゆえのさまざまなトラブルが起こる。先述の通りである。というよりもむしろ、日本社会に外国人を受け入れる体制が出来ておらず、そればかりか、社会の矛盾は外国人のせいだと言わんばかりのスケープゴートのような扱いを受けていることにはっきり気がついてくる。そして、日本人との交流が少ない、ということも起こってくる。私たちが主催した交流プログラムに応募してきてくれたある韓国人大学生は、日本で非常に有名な外国語大学の学生で、しかも、卒業間近の四年生だった。実は、留学して、その国の人と友達になったり、交流するのは、非常に努力のいることなのだ。これは日本だけでなく、世界的にもそうではないかと思われる。国際交流するならむしろ、自分の国に来ているそうした孤独感をもつ外国人と交流する方が早いのである。

そして、日本留学の出口の部分では就職の問題がある。日本の大学に留学した、と世界で言っても、あまり箔が付かないのである。これは日本の大学の国際競争力の問題として、日増しにその深刻さに気づかれていくことだろう。一方、日本の企業は世界的な知名度がある。東京大学、と言われてもピンと来なくても、ソニー、ホンダ、トヨタ、と聞いて知らない人は世界的にほぼいないのである。だから、一般論だが、日本の学校を出てから日本の企業に就職して、数年働いた、というキャリアをもつことが、日本留学の成功者と言えるのである。ところが、日本に留学して、いろいろなことを経験して、日本の良いところも悪いところも見てきたかれらが日本企業に就職しようとすると、外国人差別にあってしまうのである。「君は優秀かも知れないが、うちの会社は外国人はとらない」と最終面接まで行ったのにはっきり言われてしまった、というアンケートもあった。親日ではなくても少なくとも知日家にはなっているはずの外国の若者たちが、最後にまた手ひどい思いをするのがこの出口の部分なのだ。

入り口が狭くても、中がつらくても、出口にいいことがあれば、人はがんばれるものかも知れない。そこに希望がありさえすれば。しかし、今の日本は、外国人にとっても希望のもてる場所と言えるだろうか？

そこで、私たちのネットワークでは、就職支援もしたいと考えた。実際に、外国人留学生の優秀さに気がつき、ぜひ紹介してほしい、という企業も時々訪れてくるようになってきていた。二〇〇五年から就職・アルバイトのＷｅｂ上でのマッチングサービスを開始した。

このように、アルバイト、部屋、保証人、そして就職も、と留学生の悩みを解決するサービスを提供するネットワークを構築しようと試みを続けている。そして、その仕組みづくりはいちおう出来た。こうすれば、こう解決できるはずだ、というアイディアだけはそろえることが出来た。あとは実現させるだけである。

(2) NPOが作る循環型支援・交流ネットワークの社会的意義

保証人プログラムが、東京青年会議所で表彰されたとき、多くのNPO活動者の前での受賞スピーチでつぎのようなことを言った。「保証人問題は実は外国人だけの問題ではありません。個人を尊重しない日本人の問題なんです」と。すると、何人ものNPO活動者がやってきて、自分たちにもその保証人サービスを適用してほしい、と口々に言って来たのだ。「もうすぐ母がなくなると親がいなくなる。わたしも保証人を頼める人がいなくなってしまう」「親の暴力から逃れた子供を支援するNPOだが、親以外に保証人を頼めず、私たちもさすがにそこまで支援できなくて困っている。日本人にもやってほしい」「夫と別れたシングル・マザーの自助グループだが、これまで夫が保証人だった」。……なるほど、私は、大きな考え方として「日本人の問題、日本社会が変わる必要がある問題」だと感じていたのだが、実に具体的に。個別支援ケースの問題として、必要とされている「サービス」なのだな、と分かった。まずは外国人、しかも留学生で実績を作り、発展させていきたいと答えたが、実は、こうした問題解決ネットワークの力とはこういうことなのだろう。市民が独力で、現場に必要に迫られて作り出したシステムは、社会全体にも非常に有用である可能性が高いのではないか。

個別であって、個別でない。ひとりを大事にする。ひとつの事件は大事件、という発想でこれまで活動してきた。もちろん、大きな制度改革は必要だし、それを心から望んでいる。しかし、ひとつ、ひとつ、のプロセス、は支援者自身の学習として重要である。それは、無名の個人であったときに、支援を求めたがだれも救済してくれなかった、という実体験からも言える。権威ある大学と無名の一職員、一留学生が争うとどうなるか。その苦い反省と悔しさから、ネットワークを作ることの大事さを思う。そして、そのネットワークは、有名だから助ける、のではなく、無名だから助ける必要がある、だれも知らない問題だから取り組む必要がある、と判断するネットワークでいてほしい。強い者が弱い者を排除して既得権を守るネットワークではなく、弱い者が力を得るためのネットワーク。そんな救済組織は、いま、インターネットを通じて、意外と簡単に作れたりする。そして、そうした個人個人の力を強くする流れは、閉塞状況とか、うまく行っても「勝ち組」・「負け組」にわかれてしまうと言われる時代状況の中で、希望を失わないための具体的な実践方法となり得るのではないか。

3　留学生ネットワークの課題と今後

(1) 資金不足問題

最後に、こうした取り組みの現在の課題と今後の展望を述べたい。日本のＮＰＯにとって最大の課題は財政基盤の脆弱性、すなわち資金不足の問題だとよく言われる。留学生ネットワークの活動もまさにそれが最大の悩みである。とくに、アルバイト紹介や保証人ボランティア紹介など、物より人、ソフト面の活動が大きな位置を占め、「営業力」が問われる。そこで、重要なのはこの事業に専門的に関わり、情熱を傾けて取り組む専従職員の存在である。その専従者の生活保障が何よりも必要なのだが、それを保障できるだけの財政がまだ備わっておらず、専従者が生活のためにパートや別の仕事をせざるを得ない状況に追い込まれたりしている。複数の財団からの助成金は得ているものの、こうした助成金は一過性のものであり、翌年はどうなるかはわからない。国によるＮＰＯ支援税制もＮＰＯ法成立の頃からずっと言われているのだが、いや、そのためのＮＰＯ法人だったとも言えるのだが、個人からＮＰＯへの寄付金に対する税制優遇措置は、ないに等しい。アメリカではそうした優遇措置を受ける基準があるが、ＮＰＯの九〇％が通ると言われているが、日本では逆に九〇％は通らない厳しい基準となってしまっている。日本はＮＰＯの面ではまだまだ後進国である。

（2）カナダの多文化共生政策もＮＰＯ育成

一方、ＮＰＯ先進国ではどうか。（財）福島県国際交流協会国際交流員のスコット・アルガード（Scott Aalgaard）によれば、カナダは多文化共生社会を国策とし、その政策的な柱として、次の四つがあるという。[*3]

一、法制度
二、学校教育
三、マスメディア
四、市民活動（ＮＰＯ）

これらが多文化共生社会を実現するために重要であり、政府はこれらを多文化共生の方向に支援することになっているという。法制度は、わかりやすいだろう。差別の禁止や、民族自治権や民族教育の保障など、法制度が必要である。また、学校で多文化共生的な考え方を教育することも重要だ。しかし、学校に行かない多くの人々に対しては、テレビやラジオの放送や新聞雑誌の報道などが大きな影響を与えている。日本のマスコミもブームづくりが極めてうまいから、多文化共生の方向に動けばさぞかし世論の誘導に力を発揮することだろう。そして、最後に、これらの、言ってみれば「上から」の多文化共生化に対し、「下から」、草の根からの働きかけを育成しようというのが市民活動への支援策だ。ＮＰＯが多文化共生社会の重要な担い手として政策的にきちんと位置づけられているのである。

私はカナダの現職自治体職員と交流したことがあるが、その中国系自治体職員はかれ自身が元移民であり、そして、ＮＰＯの活動者だった。ＮＰＯと自治体とは対立関係ではないどころか、協調関係を超え、協力する関係にあるという。ＮＰＯと自治体の間で人材交流まで行われているのである。

その職員は、交流していたある日本人が、カナダのNPOに潤沢な予算措置がされていることに羨望のため息をもらした時、こう言った。「カナダの大地には人が来なければ、経済自体が発生しないのです。経済を発生させた人の支援にお金を回すのはごく自然な循環で決して多すぎるということはありません」と。

いま、少子高齢化が進む日本で、人が少なくなっていく時代、同じことが言えるのではないかと思う。留学生受け入れの現場では、政府の支援がないために由々しき問題が起こっている。日本語を話せない社会的弱者と言えるニューカマーに対してなんでもお金を請求するという現象が起こっている。日本語学校の学費も一年で最低六〇万円はし、もっとも支援が必要な、来たばかりの学生たちに大変な経済的負担を強いている。そうした学生への支援、また支援プログラムへの政府からの資金的支援が必要ではないか。

(3) 自力での資金獲得=事業型NPOへのチャレンジ

私たちは、政府や政治家への働きかけは継続的に行ってはいるが、その政策実現活動もまったく十分ではなく、政治や行政が動くのを待ってはいられない。もし政策的支援がなければ、自主的に財源を生み出していくしかない。そうした経済的自立こそは、そもそも当初、志したものだった。

保証人ボランティア制度は、一定の預かり金と会費収入で、団体運営上、財政的にも成り立つ見込みであったが、それに必要なシステム参加者を集めるには、事務局の一定のアウトプットが必要であった。しかし、制度が広がる前に、事務局専従者の生活が逼迫してしまった。事務所存続も危機的な状況を何度も迎えたが、他団体と共同使用（シェア）する、共同使用料を値上げする、理事からの特別会費を徴収する、などの非常手段でなんとか乗り切って来た。

こうした状態を根本的に解決するには、やはりお金を集める方法を考え出さなくてはならない。寄付が潤沢に集まるという状態ではないから、何か事業＝すなわち商売をするしかない。会社を起こすのとほとんど同じである。微妙な（しかしもっとも本質的な）ちがいは、「もうかるから」と言って利益分配を期待した資金を集めることができないことくらいである。しかし、どうせなら、ＮＰＯとしての使命もまっとうしながら、支援対象当事者も喜び、関係者みなが納得してお金を払う、いわゆる「ウィン・ウィン」の「ビジネス・モデル」をつくりたいと思い続けてきた。不動産の紹介や、不動産広告、保証人保険、トラブル相談でのカウンセリング料、そして、アルバイト紹介で企業からの団体会費収入、などさまざま試行してきた。しかし、少ない人数で「小資本」で展開すると、「薄利多売」では「労多くして益少なし」で疲れ果て、バーンアウト＝燃え尽き症候群、となってしまう。トラブル相談でのカウンセリング料は弁護士法とのからみが微妙である。一件成約ごとにある程度の収益が見込める事業をしなければ継続できない、というのがこの五年間の「総括」であった。

そこで、いま、取り組み出したのが、日本人学生と外国人留学生とのシェアハウス構想である。

これまでの経験と情報の蓄積を生かしたプログラムだ。すなわち、不動産業界では、２ＤＫタイプが余っている。その一部屋に日本人学生ひとりと、もう一部屋に外国人留学生一人～二人が入居し、同居するのだ。日本人学生は国際交流の経験にとぼしい。同時に長期不況で、学生の懐、親の懐もそれほど暖かくはなくなってきている。そこで、２ＤＫの部屋の敷金礼金を払い、保証人も準備してもらって契約してもらう。そのかわり、月々の家賃は留学生が払うのだ。留学生にとっては、敷金礼金などの初期費用になじみがなく、割高感が強い。そして、契約者になかなかなれず、日本人の保証人まで見つけることができる者は少ない。さらに、日本人の友達がいないのである。せっかく日本に来ても日本語で話す相手がいないのである。

このプログラムの運営費は、もちろん、助成金などが獲得できれば良いが、できなければ、留学生から負担してもらうしかないと考えている。それでも、十分満足されるような支援サービスが提供できる可能性があると思う。ＮＰＯとして、サポーター役が非常に不足していたが、このプログラムでは同居者がイコールサポーター兼チューターとして、日常のさまざまな困りごとに同伴するだけで力になれる。日本語学習のサポートも大きい。そして、何より、かれらとの交流、日常的な同伴、支援を通じて、日本社会の多文化共生化の担い手となる人材が育成されるであろう。

筆者はまず何事も自分で試してみないと気がすまない性格で、実際に見知らぬ留学生を紹介してもらい、共に暮らしてみた。モチベーションが高ければ高いほど、小さいことはクリアできる。

日本では賃貸住居をシェアする、という諸外国では一般的なことがそうなっていない。しかし、高齢者などの生き方でもシェアハウスというのは広まりつつあり、共に暮らした方が孤独から来るストレスが少なかったり、いろいろと融通しあう方が便利、ということが社会的にも次第次第に認識されつつあるように思われる。外国人の受け入れについても、こうした共に住む、ということが、もっとも多くを学べるし、お互いを理解しあう早道ではないだろうか。そして、これは、またしても、孤立感、孤独感を強めつつある日本人個人個人を救済することになるかも知れないのである。日本では大学をはじめ、さまざまな場で共同性が失われつつある。そうした中で、共同性をとりもどすこと、すなわち新しい、国境を越えたネットワークを、足元から、自分の暮らし方から変えていく、つくっていく、ということだ。

さらに、高齢者問題の解決も視野に入っている。留学生と日本人ボランティアとが日本の高齢者に食事をつくるサービスも地域のＮＰＯと協働し、一年間試行してきた。東京都のある自治体の担当者によれば、少子高齢化が進行する一方で、高齢者が住む場所がなく、また自治体がグループホームを作る予算にも限りがある、という状況だと言う。東京のある区の担当者からどうすれば高齢者の居住支援ができるか、という相談を受けた私は、高齢者に「留学生の保証人」をつけたらいかがですか、と答えた。留学生が高齢者の家賃の保証人をするわけではなく、安否確認の意味で日常的な連絡、身の回りのちょっとした世話を定期的にするサポート・システムである。自治体が高齢者に留学生のサポートがつくから何かあっても安心ですよ、と不動産や家主を説得したらどうか、そのかわり浮いた予算で留学生に手当てを出してほしいと。これでアルバイト不足問題も解決である（念のために言っておくと、本来的には生活費学費の手当ては本国からの送金やそれができなければ奨学金で手当てされればよいかも知れない。しかし、日本留学は、現状ではアルバイトで自活することが前提で募集・受け入れが行われている）。

おわりに

多文化、外国人留学生のネットワークは、これまで述べて来たように、実は、困っている留学生を救済するためのものというよりも、今後の日本社会の課題を解決する有力なネットワークにもなり得るのである。この原稿を書いていた頃、一軒のシェアハウスが生まれた。来日すぐの韓国人女子就学生二人と見知らぬ日本人女性一人との共同生活が始まった。小さな実践だ。しかし、そこ至るには、ここで書き連ねたような物語がある。

留学生との多文化ネットワーク。それは多くの者が夢想し、ごくわずかの者が実践し、またごくごくわずかの者だけが継続させている事業である。非力な筆者がどこまで実践できるのか、それとも夢想だけで終わってしまうのか、それは正直言って、わからない。しかし、この稿を書いて読者の目に触れてもらったことでさらに何かにつながれば、これに勝るものはない。

ＮＰＯ法人ＴＡＥ　http://www.tae.or.jp/

注

＊1　旧内外学生センター調べによる。

＊2　ＮＰＯ法人ＴＡＥ、および文部科学省外郭団体調べ。

＊3　スコット・アルガードの日本財団ビルにおける二〇〇三年一〇月の講演。

参考文献

上野千鶴子編『キャンパス性差別事情――ストップ・ザ・アカハラ』三省堂、一九九七年。

アサーションとコミュニケーション

――生き生きとした自分になるために――

川合雅子

1　アサーションとは

アサーション（Assertion）とは、英和辞書では「自己主張」「断言」と訳されている。日本では自己主張することとは、まわりのことを考えずに自分の言いたいことを主張する、我を張るなどあまり良い印象をもたれていないことが多い。ここでいうアサーションとは、「自分も相手も尊重する自己表現」を意味する。決して一方的な主張を意味するものではない。別の言葉では「相互尊重のコミュニケーション」とも表現される。

アサーションという言葉のほかに、アサーティブネス（Assertiveness）、あるいはアサーティブな（Assertive）自己表現などという言葉も使う。

アサーションの本質を表すと、「自己信頼」であり「自己尊重」、あるいは「自尊感情」である。

つまり自分をかけがえのない存在と認め、感じることである。それはありのままの自分でいよう、自分の価値観、感情、考えに正直に生きようという、ある意味での決意である。そしてその本質は自己責任という面で支えられている。それは他人の責任にしたとたんにアサーティブな自分ではなくなることを意味する。あくまでもアサーションとは相互尊重なのである。

ここでは自己表現方法としては三つのタイプに分けられる。それは攻撃的な（Aggressive）自己表現と、非主張的（Non-assertive）、そしてアサーティブな自己表現の三つである。

攻撃的なタイプは、自分のことだけ考えて、他者を踏みにじるタイプである。非主張的なタイプは、自分より他者を優先し、自分のことを後回しにするタイプである。そしてアサーティブなタイプは、自分のことをまず考えるが、他者も大切にし配慮するタイプである。

アサーションとは自分の気持ち（考えや感情、意志（欲求））などを率直に、そしてその場や状況に適切な表現方法で相手に伝えようとするものである。

2　三つのコミュニケーションのタイプ

コミュニケーションをとるとき、人は三つの自己表現をとる。その三つとは、「攻撃的（aggressive）」「非主張的（non-assertive）」「アサーティブ（assertive）」である。

（1）攻撃的な（アグレッシブ）自己表現

攻撃的な自己表現とは、自分を大切にするが、他人は大切にしない自己表現のことである。攻撃的な自己表現をしているとき、人は自分の考えや感情、意志ははっきり伝えるが、相手のそれらに聞く耳をもたず、無視したり、踏みにじったりしている。その結果、相手へ自分を押しつけることになる。常に相手を支配しようとしたり、相手をねじ伏せようとしたり、勝とうという表現をする。つまり相手の犠牲の上に立った自己表現・自己主張ということである。

攻撃的な自己表現をしているとき、「私は……」を強調したり、声を荒げて威嚇をしたりする。あるいは「～しなさい」「～すべきだ」と指示的になる。責任転嫁として「あなたが～」もよく使うのである。つまり自分の考え方をものごとの尺度にするのである。

そのようなに攻撃的な態度の人といる相手は、服従させられ、馬鹿にされたような気持ちが残る。あるいは傷ついたり、恐れたりすると同時に、内面では怒りを感じていたり、復讐心を抱くこともある。

例えば、Aさんは人気のあるケーキ屋に購入のための列の最後尾と思ったところに並んだ。ところが後ろから「何をやっているのよ！　ちゃんと順番を守って並びなさいよ！」という攻撃的な声が聞こえた。予想外に長い列だったので、どうやら最後尾を勘違いしたらしい。この場合、Aさんが故意に順番を無視したのではなく勘違いをしただけであることは理解されておらず、割り込んできた人と決めつけられている。Aさんの気持ちは完全に無視され、不愉快な感情が残るであろう。この時Aさんも攻撃的な自己表現をしがちな人だったら、「何言っているのよ！ 決めつけないでよ。間違えただけじゃない。あなたこそちゃんと見なさいよ！」と怒鳴り返したり、あるいは気がおさまらず、お店の人に文句を言ったりするかもしれない。

(2) 非主張的な（ノン・アサーティブ）自己表現

非主張的な自己表現は、自分より他者を優先し、自分のことを後回しにする。非主張的なとき、一見控え目で相手に配慮しているように見えるが、実は、ノーと言えなかったり、自己表現をせずに一方的に我慢をしている。自分の本当の気持ちとは違う自己表現をしてしまい、自分に不正直であると同時に、相手に対しても率直ではない。自信がなく不安であったり、その気持ちを隠して卑屈になったり後悔をしたりする。

つまり相手との葛藤を回避するために、自ら自分自身の気持ちや表現の自由を踏みにじっているのである。その内面のもっと奥底では、相手に対して恩着せがましい気持ちや、恨み、怒りが残っていたりする。分かってもらえなかったと感じてみじめになったり、そんな自分を察してくれない相手を軽蔑したり、愚痴を言ったりする。要するに自分の気持ちを自ら抑圧しているのである。

非主張的な自己表現をしていると「私は……」という表現を避けたり、くどくど弁解がましくなったりする。曖昧に「たぶん～」「～かしら」などの言葉を使ったり、「私はどうでもいいのですが……」「単なる私の意見にすぎないのですが……」などと自分を卑下するような言い方が見られる。

例えば先ほどのケーキを買おうとしたAさんは、勘違いで列に割り込んでしまい、攻撃的な人から怒鳴られた。このときAさんが非主張的な自己主張の人であれば、畏縮し「すみません……。」と言って列から去って行くであろう。このときAさんの内面では「違うのに……。ケーキが買えなかった……。」という気持ちが湧き起こっているであろう。本当はそんなつもりではなかったことを言えずに、しかも欲しかったケーキも買えずに帰ってきたことは自分の気持ちに不正直であり、相手にも「あんな言い方をしなくても……。」と恨みがましい気持ちになるのである。

(3) アサーティブな自己表現

アサーティブな自己表現をしているとき、自分も相手も大切にし、自分の意見や要求などを率直に伝えている。アサーティブな自己主張ができる人は、自分の気持ちや行動をモニター(観察)しており、その結果セルフ・アウェアネス(自分の状態に気づく)の状態になる。自分がどのような感情や考え、意志があるのかに気づき、そのことを適切に表現しようとする。と同時に相手やその場の状況を観ることができるので、どのように自分の気持ちを伝えるかの意思決定をすることができる。相手の気持ちも尊重するので相手とのいい関係をもたらす。

自己責任で意思決定をするので、自分に自信が持てるし、自分自身の気持ちに率直なので、他者を責めたり、あるいは弁解する必要がない。また自分の考えを感情的にならずに表現しようとし、行動している。つまりセルフコントロールをしているのである。アサーティブな自己表現ができているときは、相手に不要な気をつかったり、負けまいとして企てたりということがないので、精神的なストレスから開放されるのである。

つまり、自分の気持ちも相手の気持ちも尊重することにより、よりよい人間関係が築かれ、その結果、能力も高まる。余分なストレスから開放されることは、ポジティブな精神状態や状況を導くことでもある。

アサーティブな自己表現をしているときには、「私は……」という言葉を適切に使い、事実と意見を区別して伝える。事実は「～は、～です」、意見は「それについて私は～と思います」などの表現をする。決めつけや、指示的な表現はせず、相手の意見や感情、意志を引き出すような質問を投げかける。また問題解決のための提案をし、その提案が断られたら、次の代替案を持っていくことをする。

アサーティブな自己表現をする人と接するとき、人は尊重されたという気持ちになり、その気持ちをベースに相互尊重の関係をつくり、よりよいコミュニケーションにつなげようと努力してくれる。つまり、アサーティブな自己表現は相手のアサーティブな態度を引きだすことになる。

例えば、先ほどのケーキを買おうとしていたAさんが攻撃的な表現の人に対応するとき、「気づきませんでした。ここが最後尾だと勘違いしました。あちらに並べばいいのですね。」と言ったとしたら、事実を伝え、自分がケーキを買いたいということも出来たのである。もし、この攻撃的な人が、勘違いしているAさんに、最後尾ですよと伝えただけだったら、それだけで十分アサーティブな表現となっただろう。

ここでこの攻撃的な表現をとった人が、Aさんの状況を客観的に観ることができたとしたら、あるいはAさんのことをもっと尊重して対応したのなら、きっと自分もAさんも不愉快な気持ちにならないですんだことは一目瞭然であろう。

3　アサーションを自己選択する

アサーティブな自己表現をしたいと考えるとき、まず自分はどのような状況のときに、どのような気持ちになるのかを知っておく必要がある。自分の気持ちや状況をモニターする（観察する）ことが大切である。ここでいう気持ちは「感情」「意志」「考え」を意味する。セルフ・アウェアネスとは「自分の状態や気持ちに気づく」ことである。アサーティブな自己表現をするということは、セルフ・アウェアネスの状態であることも意味する。自分がどんな状況にいて、どのような気持ちが湧き上がっているのかに気づく。そして相手はどのような状況にいるのか、相手の状況もモニターしている。アサーションとは前述したように「相互尊重のコミュニケーション」である。相手の状況や気持ち、そして自分の置かれている状況や気持ちを冷静に観ることができなければ、アサーティブな自己表現をしているつもりでも結果が適切なものになるとは限らないのである。相手を見ず、相手の犠牲の上に立つようであれば、それは攻撃的な自己表現になるであろう。

アサーティブな自己表現の結果、相手との間が適切な状況にならないと判断したときや、あえてアサーティブな自己表現をとりたくないという判断があればいつでもアサーティブな表現をとらなくてもよいということは、ちょっとほっとするところでもある。

〝自分の気持ち〟をまず大切にするのは、非主張的な自分になるのをやめるためであり、〝相手を尊重する〟のは攻撃的な自己表現になるのを避けるためでもある。

ノン・アサーティブな状態から自分を解放する必要がある場合、あるいは攻撃的な状態から自分を解放する必要がある場合も、アサーティブになる努力は必要である。そこで大切なのは自分の気持ちをアサーティブに伝える目的は何かを知っておくことである。アサーティブになることが目的ではない。アサーション訓練をしていると、この点の整理ができない状況が多々見られるのである。なんのためにアサーティブになる必要があるのか、この点を自分にしっかり問いかける必要がある。自分が不都合を感じておらず、周りともうまく行っているのであれば、自己へ抑圧されたものがないのかもしれない。いずれにしてもアサーティブな自己になるにあたって重要なのは〝何から解放されたいのか〟ということである。

4　非合理的な思い込み（Irrational Belief イラッショナル・ビリーフ）について

アサーティブな行動をとるには、論理的な思考が必要である。物事を考えるときに、それは自分の経験とか知識とかでつくりあげられた価値観をベースとする。その考えが「〜ねばならない」とか「〜すべきである」などといった思い込みによるものであった場合、果たして本当にそうなのかと自問する必要がある。往々にしてそれらは事実に基づかず、事実と推論の混同、あるいは事実と願望の混同であったりする。また論理的必然性がなく、短絡的思考であったりする。そして気持ちをみじめにさせる内容であったりするのである。それらをアルバートエリスはイラッショナル・ビリーフとした。以下にエリスが経験的にまとめた典型的なイラッショナル・ビリーフを挙げる（表1[*1]）。

表1　エリスによるイラッショナル・ビリーフの典型

①　人に愛され、認められなければならない。もし、そうでなければとても我慢できない。
②　もし人が公正を欠いた振舞いをしたとしたら、その人は非難され、罰せられるべきだ。
③　物事が期待どおりにいかないのは、恐ろしいことだ。
④　危険なこと、予想のつかぬことに手抜かりなく常に注意を払うべきだ。

⑤ 自分にとって大切なところでうまくいかなかったら、自分はダメな人間だ。
⑥ 完璧な解決があるはずだ。
⑦ 世の中は公平で正しくあるべきだ。
⑧ 自分はいつも快適で苦労があってはならない。
⑨ 狂ったらおしまいだ。
⑩ 人生の困難は立ち向かうよりも避けたほうが楽である。
⑪ 私は、自分よりも強く信頼に足る人物を必要とする。
⑫ 外部からの圧力が自分に不幸を与える。だから自分にはそれを十分にコントロールできない。
⑬ 現在の困難は過去に原因がある。だから仕方がない。

『カウンセリング辞典』誠心書房より

相手に何かを伝えようとするとき、人はまず自分の価値観の枠内でいろいろ考える。それを言語化したときに、その言葉は相手の価値観の枠内で処理をされる。ここで伝え手と聞き手との間において、伝達内容に微妙な違いが生まれる。これがコミュニケーション・トラブルである。このコミュニケーション・トラブルが起こる可能性を理解して気持ちを伝え合う必要がある。

そして自分のイラッショナル・ビリーフ（非合理的な思い込み）に注意を払う必要がある。合理的で論理的に筋が通った信念体系（Rational Beliefラッショナル・ビリーフ）であるか否かを自分に問うことが、アサーションに大切なのである。つまりラッショナル・ビリーフは、あることを自己表現しようとする自分の決断や行動を支える、あるいは助ける考えともいえる。

人がラッショナル・ビリーフに基づき行動するときの例をあげよう。

例えば、ある人事教育担当者は受講者にマイナスのフィードバックをするべきか否かというジレンマを抱えていた。彼は「人はほめて育てるべきだ」というイラッショナル・ビリーフをもっていた。ある時、上司から、「ほめて育てるにこしたことはないが、必要なら本気でマイナスのことを伝えると相手の心に響くし、実際に社員の行動変容につながったことがある」という話を聞き、納得した。相手にとって必要だと思うことは、まずやってみようと思ったのである。何が相手にとって本当に必要なことか、尊重することになるのか、もう一度考え直したのである。「人はほめて育てるべきだ」というイラッショナル・ビリーフをラッショナル・ビリーフに変え、その考え方に基づくことを決心したのである。ここでのキーワードは「～するにこしたことはないが」である。ここで整理して述べると、自分の感情を爆発させ、相手のことを考えていない場合、この行動は〝攻撃的〟な自己表現である。相手のことも考え、相手を尊重しながらもこちらの気持ちを伝えていくときに、アサーティブな自己表現になるのである。

アサーティブな自己表現をしようとするとき、事実に基づかず、「こんなときには人はこのような反応をするはずだ、するに違いない」などというイラッショナル・ビリーフに基づく考えでコミュニケーションをとることは、実は推論の話をしていくようなものである。

例えば、前述のAさんに話しを戻すと、攻撃的な表現で注意をした人は、状況や事実を確認せずに、「人が公正を欠いた振舞いをしたとしたら、その人は非難され、罰せられるべきだ」というイラッショナル・ビリーフだけで、結果として割り込み状態になったAさんに「何をやっているのよ！　ちゃんと順番を守って並びなさいよ！」と伝えたのかもしれない。あるいはAさんに対する「この状況は誰が見たってわかることだ。この人は（Aさん）はこの状況を見ていないはずはない。だから割り込んだんだ」という不確かな思い込みが攻撃的な発言になった可能性もある。この思い込みが、非合理的な思い込みか否かに着目し、本当に事実であるかどうか、自分に問いかけることはアサーションでは大切な行動である。勝手な思い込みから事実へと視点を移行させて、その思い込みを検証していく必要がある。

5　アサーションが今の日本で求められる背景

この十数年間ほどで、日本でアサーションという概念がかなり広まったといえる。その背景には世界がグローバル化しボーダレスになった時代の変化がある。諸外国のフィールドでコミュニケーションをとるには、きちんと自分の意見や気持ちを伝えていくことが必須である。そこに存在する価値観や生き方の多様化は、「皆と同じである」ことが安心感をもたらす時代に終わりを告げ、他との相違を楽しむ時代になった。まさにそこには自己をいかに表現していくのかという命題があるといえよう。

自分の意見や気持ちを適切に相手に伝えていく行動は、自信（自己信頼）があってはじめて成り立つのである。自分の能力や価値観、気持ちを信頼しなければ、言葉に出すことは難しい。また自己表現した結果は発言した人の望むものでなくても、その結果を承知した上で表現することは自分の価値観を大切にするという姿勢がなければできない。その結果の責任を自分でとるという姿勢があってはじめて、アサーティブな行動に出られる。自己信頼、自己責任の意識があってアサーティブな行動が支えられることは、非主張的な人にとっては特に容易なことではないであろう。他人の視点を自分の評価のものさしにしたら、その評価におびえて非主張的になったり、自分の思い通りに評価されないとして攻撃的になったりする。攻撃的な自己表現は、一見自信があるように思えるが、根底にはしっかりとした自己信頼はないので、自分を守るための攻撃的な行動になるのである。

みんなと同じは良いという価値観は崩れつつある。その中で自己の価値観を適切に表現していくことが容易になった。だからこそ、アサーティブなコミュニケーションができる必要性を人は感じはじめているのだろう。

6　アサーション権宣言

M・J・スミス博士は「アサーション権宣言」を提唱した。この宣言は、人が他者にコントロールされることなく、自分の行動を自ら選べる権利があるというものである。尚⑪の項目は、菅沼が付け加えたものである（表2）[*2]。

表2「アサーション権宣言」

①	誰もが、自分の行動・思考・感情は自分で決めることができて、しかも自分が起こしているものである。だから、その結果が自分に及ぼす影響について責任をとってよい。
②	誰もが、自分の行いたいことは理由を言ったり、言い訳をしないで行ってもよい。
③	誰もが、他人の状況や問題を解決するために、もしも協力したいと思えばすればよいし、したくなければしなくてよい。
④	誰もが、一度言ったからそれを変えていけないことはない。自分の気持ちが変わったら変えてよい。
⑤	誰もが、間違いをしてもよい。そしてそのことに責任をとってよい。
⑥	誰もが、「私は知りません」と言うことができる。
⑦	誰もが、他人の善意に応じる際に、自分独自の決断をしてよい。
⑧	誰もが、決断するにあたって論理的でなくてもよい。
⑨	誰もが、「わかりません」ということができる。
⑩	誰もが、「私には関心がありません」ということができる。
⑪	誰もが、アサーティブになることをやめる権利がある

このアサーション権宣言は、アサーティブな自己表現をしようとするときの後ろ盾となるものである。自分がアサーティブな行動にでてよいものか否か躊躇したときに、このアサーション権はどのような行動をとるかの選択決定の基準になってくれるだろう。そして自分のアサーション権を踏みにじるということは、実は相手のアサーション権も踏みにじっているということもここから学べる。このアサーション権の理解がアサーティブな行動を強く促すであろう。順に詳しく見ていくことにする。

①「誰もが、自分の行動・思考・感情は自分で決めることができて、しかも自分が起こしているものである。だから、その結果が自分に及ぼす影響について責任をとってよい」

人は自己決定し起こした行動の結果を、他人や環境のせいにして言い訳をすることもできるし、自分の責任として考えることもできるのである。

例えば「夫がいつも嫌な顔をするから、私は友達と外出したくてもできない」というノン・アサーティブな人は、夫に責任転嫁をしているが、外出しないという決定を本当は自分で下しているのである。外出しないと自己決定した結果、どのような気持ちになるのか、どのような状態になるのかは、その人が行動した結果を引き受けるという責任なのである。もし自分の行動が自己選択・自己決定の結果と思わない場合は、夫への厭味や恨みの感情がわくままに身を委ねてマイナスの状態になった結果を引き受けているのである。となると、夫に友人と会いに行きたいということをアサーティブに提案したときの結果も引き受けることができるのである。ちなみに、アサーションでは何か人に提案や依頼をするときに、ノーという相手の権利も尊重し、相手がイエスと言えるような代替案をいくつか考える方法も用いる。

②「誰もが、自分の行いたいことは理由を言ったり、言い訳をしないで行ってもよい」

自分の行動を正当化したり、言い訳をしなくてもよいという考え方である。たとえば、自分の意見を述べるとき「私の意見はどうでもいいのですが……」「～さんたちがおっしゃっていたことで私もいいなと思うのですが、でも……」など、くどくどと言い訳がましいことをしなくていいということを意味する。

③「誰もが、他人の状況や問題を解決するために、もしも協力したいと思えばすればよいし、したくなければしなくてよい」

たとえば、ある会合に参加して発表をして欲しいと頼まれたが、自分自身の今の現状では発表内容をまとめる時間もないし、そのテーマが自分の研究テーマでもない。しかし主催者の気持ちもわかるが、どうしても義理の参加はしたくないとき、本当の自分の気持ちで、参加、不参加を決定すればいいということである。結果に責任をもつのは自分であるというアサーション権①を思い出すとよいであろう。

④「誰もが、一度言ったからそれを変えていけないことはない。自分の気持ちが変わったら変えてよい」

自分の述べた考えや気持ちが最後まで同じである必要はないということである。人というのは往々にして、気持ちが変わった理由を一生懸命考え、言い訳しようとしがちであるが自分の気持ちが変わったら、気持ちが変わったと言うだけでよいのである。理屈がないと言ってはいけないとか、理由を言わなければいけないと思う必要はなく、変わった事を伝えるだけでもよい。主張していた意見が状況により変わることもある。

⑤「誰もが、間違いをしてもよい。そしてそのことに責任をとってよい」

間違いを犯さない人などいない。間違いはしてもよいのである。間違いをした結果の責任をとってもいいし、とらなくてもいいという考えである。失敗を恐れるばかり、なんらの行動も起こさないようであれば、人は成長しないであろう。またとてもビクビクした人生になるであろう。責任をとらなければいけないと考えると、行動に移しがたいので、間違いの責任をとってもよし、とらなくてもよし、ということである。

例えばプレゼンテーションが苦手な学生がいる。教室の前に出てプレゼンテーションをしたいが、失敗が怖くて行動にできない。発表内容を間違って言ってしまったらどうしようという不安がよぎる。しかし自分の気持ちを率直にみつめ、気持ちの温度（どれだけ強く行動に移したい気持ち）を感じて、「失敗しても笑われるだけ」と思って行動に移した。その学生はやはり緊張のあまり失敗をして、案の定聞き手に笑われた。がしかし「失敗しても笑われるだけ」と思っていたので、次のプレゼンテーションへの意欲も失わなかった。結果への感じ方はいろいろであろうが、まずは「間違ってもいい、失敗してもいいのだ」と思い、自分の気持ちに率直になることが大切なのである。

⑥「誰もが、『私は知りません』と言うことができる」

たとえば年齢が加わるにつれ、あるいは立場上「知らない」ということが言いにくい場面がある。しかし、知らないことは知らないのであるから、率直に伝えてもよいということである。

ある会議のとき、部下の企画プレゼンテーションを聞き終えて、上司の一人が「～についてはよく知らないので、もう少し説明して欲しい」と発表者に伝えた。発表者の部下は「上司がこんなことも知らないということはない。だから自分への厭味に違いない」と受け取って苦々しい思いをした。

上司は、このアサーション権⑥に基づき質問をしたが、この部下は「上司がこんなことも知らないということはない（つまり上司だからこんなことは当然知っているべきだ）」というイラッショナル・ビリーフに基づく考えに気持ちをまかせてしまった。

この発表者が、〝どういう立場の人でも知らないことはある〟というラッショナルな考えだったらこんなことにはならなかったのである。

アサーティブなコミュニケーションのやりとりができる人が増えるためには、このような概念を学ぶ場が必要だと痛感する。

⑦「誰もが、他人の善意に応じる際に、自分独自の決断をしてよい」

だれかに「お手伝いしましょうか」と言われたとき、なんとなく断るのが悪くて、必要のない援助を受けてしまうこともある。そんなときは、断ってもいいということである。

例えば電車の中でお年を召した人へある若者が席を譲ろうとした。その老人は、自分は健康のために立っていたいのでその申し出を断りたいと思った。でもせっかく言ってくれたのに悪いな、顔をつぶすことになるのではないかなど、思わなくてもよいということである。率直にお礼と気持ちを伝えればいい。断られた若者も、アサーティブなタイプなら不快に思うことはないことは容易に理解できるであろう。

⑧「誰もが、決断するにあたって論理的でなくてもよい」

何かを決断し行動するとき、明確な理由がなくてもよいし、論理的な説明をしなくてもよいということである。

たとえば、ある人が急に社会人大学院に行くことを思い、決断し三ヶ月後には合格し大学院生になった。周りの人は、その人にどうしてこんなに急に大学院に行こうと思いたったのか、その理由を尋ねるが、特段筋道がある理由が見当たらない。寝ていたらひらめいたという程度の理由である。まさに直観で行動したのである。大きな理由がないならなくてもよいのである。とらわれる必要はないということだ。

⑨「誰もが、『わかりません』ということができる」

人から質問されたり、人と意見が異なっていたとき、すぐに結論や答えを出さずに「分かりません。後で調べてお答えいたします」ということができる。知ったかぶりをするよりも正直に、わからない旨を伝え、それへの対処を伝えたほうが、相手は誠実に受け取る。その場を取り繕うことを言う必要はないのである。

⑩「誰もが、『私には関心がありません』ということができる」

自分が興味・関心をもっていないことを伝える権利である。例えば野球観戦に誘われたが、興味がないので断りたいと思った、だから断ったということがあったとする。それでいいということである。人間関係が壊れることも考えられるが、自分の気持ちを押し殺してまで（ノン・アサーティブに）、行った結果を考えると、やはり断りたいと思った。それならば断りたいという気持ちに率直になろうということである。

⑪「誰もが、アサーティブになることをやめる権利がある」

アサーティブになろうとしてアサーション権を考える時、「～すべきである」「～せねばならない」という考えに陥らないようにするということである。アサーティブになろうとすると、そこに「アサーティブにならなければならない」というイラッショナル・ビリーフが生じる可能性がある。相手によっては、アサーティブな言動を控えて、身を守る必要がでてくる。状況をきちんと判断する目を持ちながら、自己のアサーティブの度合いを高め、適切に行動できるようにすることである。アサーティブな行動をとることが目的ではなく、自分が自分らしく、ありのままの自分、正直な自分を生きるためである。目的と手段を取り違えないようにする必要がある。

7　自己を解き放つために

こんな場面をイメージして欲しい。車で狭い道を入っているときに対向車が来た。そのとき道を譲って片側に寄せたが、譲った人は、〝当然〟お礼のクラクションがあるものと思っていたが、相手はお礼の合図もなにもなく通り過ぎた。このようなとき、腹が立ったり、攻撃的な気持ちになったとしたら、道を譲ったのだから当然お礼を言うべきだと考えているかもしれない。「人は何かをしてもらったら、お礼を言うべきだ」というイラッショナル・ビリーフである。

人はこのようなある種些細な不快な感情に、日常至るところで遭遇する。イラッショナル・ビリーフに囚われがちであることに気づき、道を譲るという行動を決定したという自分の気持ちを大切にしよう〟と思ったときに、不快な感情から解放されるであろう。

自分の貴重な時間を、不快な、否定的な気持ちのままにしておくことは、なんてもったいないことであるか。自己を大切にするならば、相手を動かすのではなく、コントロールできる自己に焦点をあわせるほうが建設的である。

自己を解き放つということは、まさに自分自身が何に囚われているのかを知ることから始まる。解き放ち方は色々あるであろう。ここではアサーションという方法を用いて、自分らしく、ありのままで生き、自己も他者も尊重し生きる方法を述べてきた。

アサーションは価値観を乗り越えるプロセスでもある。自分がもっている価値観を大切にしながらも、辻褄の合わない価値観を発見したときに、それに対して反駁して行くことである。「～ねばならない」「～すべきだ」と思ったら「本当にそうなのか」「それは事実なのか」「もし～がなければ何が起きるのか」などと自己に問う必要がある。そして、自分の気持ちをそのまま受け取り、率直にどうしたいのかを自分に問いかけるのである。

人はアサーティブになろうとするとき、自己信頼、自尊感情などに裏づけされた自己表現を選択し、そこには自己責任をとる自分もいることを意味することは前述した。こう考えるとアサーティブな自己表現は大変難しいように感じる人が多いし、実際難しいであろう。ノン・アサーティブな度合いが高ければ高いほど、人はアサーティブになることを難しいと感じる。またアグレッシブな行動傾向が強い人は、アサーティブになる必要性に気づかなければ行動変容はない。なんとか力任せに生きていってしまうから、ノン・アサーティブな人ほどアサーションの必要を感じにくいのである。

アサーティブに生きていくには、自分の価値観、考え、感情に気がつく必要がある。あなたがどのような状態のときにどのような気持ちになるのか、どのような囚われの考え（イラッショナル・ビリーフ）にいるのか知ることで、自分を解放する第一歩となることであろう。

注

＊1 『カウンセリング辞典』誠信書房、一九九〇年。

＊2 菅沼憲治『セルフ・アサーション・トレーニング——疲れない人生を送るために』東京図書、二〇〇二年。

参考文献

［1］平木典子・沢崎達夫・土沼雅子『カウンセラーのためのアサーション』金子書房、二〇〇二年。

［2］スーザン・ワレン、レイモンド・デジサッピ、ウィンディ・ドライデン『論理療法トレーニング』（菅沼憲治監訳）東京図書、二〇〇四年。

書くことは伝えること・考えること

——新聞記者が伝授する実践的文章論——

竹信三恵子

書くなんてもう古い。これからは映像や音声の時代だ——。そんなことが言われて久しい。確かに、最近は小型で手頃な価格のビデオカメラが出回り、一般の家庭でも、視覚から入る大量の情報を使ってメッセージを簡単に伝えることができる。テープレコーダーを使えば、音声でのメッセージ伝達も手軽にできる。だがそれでも、「書く」という伝達行為は、捨てがたい。ペンと紙という素朴な道具だけで、目に見えないことや音では聞こえないことについても伝えられる表現方法だからだ。それ以上に重要なのは、文字を書きつけていく過程を通して自分との対話を発展させ、自分の考えを伝達可能な形で定着させることができる点だろう。書くことの意味と、その効率的な実践法を、約三〇年書き続けてきた新聞記者としての体験から、改めて考えてみた。

1　なぜ書けなかったのか

（1）自分にとって適切な表現か

「重要なのは文法規則に適っているか否かより、自分にとって切実な『表現』たりえているかどうかです」

月刊誌『世界』（二〇〇四年四月号）の「ひと」欄（文・國分俊宏）で、フランスの作家、フランソワ・ボンのこんな言葉に出会ったとき、長い間、頭の中にあったもやもやが、ひとつの固まった形になって目の前に突き出されたような気がした。ボンはさらに言う。「彼ら自身の言葉で、彼ら自身の『現実』を表現しようとすると、それを言い表す必要性のために、言語が新たに鋳直されるからだ。彼らが言葉を信頼できるようになると、暴力や貧困もまた違った形で体験されるようになるし、私にとっても、現実の見えていなかった部分がその言葉で出現するようになる」

九一年以来、ホームレスや「荒れた高校生」など、文章に縁がない人々を対象に文章教室を開いているという人ならではの言葉だ。

この言葉に心を動かされたのは、日本社会での「書く」ことのあり方に、疑問を感じ続けてきたからだ。

日本ではしばしば、「書くこと」について「資格」が問われる。

辛辣な批評で知られる文芸評論家、斎藤美奈子氏の『文章読本さん江』（筑摩書房、二〇〇二年）も指摘するように、「文章読本」を出版することは、著名な作家のひとつの到達点であり、「大家」としての指標になっている。新聞記者の世界にも、「名文記者」がいる。こうした大記者の一人が、「文章のうまい記者に一級文章士の資格を認定してはどうか」と提案しているのを読んで、心の底から驚いたことがある。冗談だったのかもしれないが、中身と文章を切り離し、だれかが一定の基準を設けて「認定」するという発想に強い違和感を抱いたからだ。街の書店には、「人からうまいといわれる文章をどう書くか」といったハウツー本が並ぶ。つまりは、何を書くかが問題ではなく、うまいと「他人に」ほめられるか、というパッケージのよしあしが問われるのである。「大作家」や「大ジャーナリスト」といわれる人々は、こうしたパッケージが逸品であるかどうかの「芸」を認定する名文業界の家元である。

だが、一人の記者として私が悩み続けたのは、「人にうまいといわれる」ことではなく、まして、「一級文章士」に認定されることでもなかった。新聞業界の女性は、今でさえわずか一割、当時は一%、という少数派だ。八〇〇万部という巨大な読者を相手に、そんな少数派の目に映る現実が果たして伝えられるのか。その壁の前で、うろうろと迷い続けた日々だった。「自分にとって適切な表現かどうか」を考え、「そのための言葉の鋳直し」としての「書く」を打ち出したボンの言葉に突き動かされたのは、そんな体験のせいだった。

（1）「君がどう考えるかなんて知りたくない」

新聞社に入社して一、二年たったころ、男性の先輩が「女性ドライバーは事故が多い」という記事を書いた。警察の発表した統計をもとにした記事だった。同僚もデスクも、まったく疑問を持たないまま掲載された記事だったが、私の頭の中にはいくつもの疑問が押し寄せた。

女性だから事故が多いのか？　女性の方が男性より遅れて免許を取り始めているということから考えると、新米ドライバーの比率が女性の方が高いということにはならないか？　だとすれば、見出しは「新米ドライバーには事故が多い」となるのではないか？　また、死亡事故を起こした割合で統計をとれば、男性の方が多いかもしれない。とすれば、「男性ドライバーは危険」の見出しにならないか？

一〇人ほどの地方支局の中で、私はたったひとりの女性だった。こうした疑問をぶつけると、同僚の男性たちはそっけない顔で、「警察がそう発表したのだから」といった。こうした疑問を口にすることが重なり、「女のことになると妙に張り切るヤツだ。ウーマンリブ（当時はフェミニストを、嫌悪をこめてこう呼んだ）じゃないのか」と陰口めいた批評をする同僚も出てきた。私は孤立した。

その後も、こうした体験は続いた。見出しをつけるときに、「女性大臣」といった形でいちいち性別を表現するのは必要なのか？　女性の大臣は珍しいから読者はそれを知りたがるはず、と周囲の記者たちは言ったが、「男性大臣」とは表現しないのである。それは、大臣は男性で当たり前、といっているのと同じことになりはすまいか。

嫌がられても、考えてしまうものは仕方ない。そんな私に、上司が言った。「読者は君の意見なんか知りたくない。客観的な事実を必要としているんだ」。だが、「客観的事実」そのものが、私の目には主観的な偏見に覆われたものにしか見えないのである。この社会でやっていくには、自分にうそをつき続けるしかないのだろうか？　記者たる者は事実を伝えろと、ことあるごとに先輩たちは口をそろえるのだが……。

やがて、「みんながそうだと思っていることを事実と思え、が、多数の読者を相手にしているマスメディアの一種のルールなのだ」ということがわかってきた。それでも、事件原稿のようにパターンにはまったものは、簡単に書けた。データだけを差し替えればいいからだ。だが、ものの見方を問うような原稿となると、原稿用紙を前に何時間も、うなり続けるはめになった。「自分はこう見る」ということを正直に書くと多数派の逆鱗にふれる、という脅えが身についてしまったため、「みんながどう思うのか」を必死で探し当てねばならなくなったからだ。でも、その「みんな」とは、一体どこのだれのことなのだろう？　それがわかれば、原稿なんて簡単なのだ。だが、私には、「みんな」が見えない。

あまりの不器用さに、上司に「この程度の記事にそんなに時間をかけるなんて、記者とはいえないぞ」と叱られることもあった。一級文章士どころではない。私はちょっとした原稿さえ書けない落ちこぼれ記者だった。

（3）事実の力が転機をつくった

私にとって、書くということは、「みんな」をさがして内面の声を抑えこむ退屈な作業になっていった。大人の目から見て「いい作文」を書くことを求められた小学生のように、私は書くことが嫌いになった。しかし、記者をやめようか、と考え始めていたころに思い立った少子化をめぐる取材が、私を変えた。

一九八九年、日本は一・五七ショックを迎えた。女性一人が生涯に生む子どもの数である「合計特殊出生率」は、「丙午」だった六六年の一・五八をのぞき、ほぼ二人台で安定を続けていた。六六年の現象は「丙午生まれの女性は男を食う」という迷信が復活し、女児の出産を控える親たちが急増した結果といわれるが、それを初めて下回ったのが、八九年だった。

当時、子育てと仕事の両立に疲れ果てていた私は、この事件に注目した。日本の企業システムは、妻がいて家事万端を担当してくれる男性に合わせた労働時間が標準だ。これに合わせられない働き手は経済的な自立ができない。だから、正社員として働く女性たちは、結婚を避けたり出産を先延ばしにしたりして、しのぐしかなかった。このシステムでは、出生率はさらに低下をたどるはずだ。この問題を記事にできないだろうか、と思い立ったのだ。

だが、バブル経済のただ中で、人々は「ジャパン・アズ・ナバーワン」に酔っていた。そんな中で「日本的企業システムに問題がある」と訴えたところで、だれが聞いてくれるだろうか。官界も、経済界も、私自身が所属するマスメディアの意志決定層の男性たちも、無視するか、悪くすれば「失礼なことをいうな」と怒り出すかする恐れは十分にあった。

だが、事実を事実と書いて不利な立場に置かれるようなら、そんなメディアに先はない。やめても惜しくはないはずだ。逆に、もし記事に共感してくれる人がいれば、それは新しい局面を開くかもしれない――。取材をすればするほど浮かんでくる深刻な事実の数々に押される形で、覚悟を決めた。

掲載先には、勤め先の新聞社系列の硬派ニュースを扱っていた『朝日ジャーナル』という雑誌を選び、この編集部に転出していた先輩記者に頼み込んだ。新聞では記事が短すぎて、こうした新しいニュースの意味を説明しきれない。その点雑誌は、長い記事を掲載できるからだ。

「わかってもらえそうもない人たちにわかってもらう」ため、できる限りの説得材料を集めた。さまざまな反論を想定して、これに備えた。「ウーマンリブでない人々」にも通用する表現を選びながら執筆した。女性が働きやすいシステムと少子化の関係を記事にしたものとしては、おそらく初めての試みだった。経済界の人々の中にも、「これは大変なことだ」という感想を寄せてくれる人が出てきた。こうした枠組みで書かれた記事が、他のメディアに目立ち始め、その枠組みから調査を進める研究者も出始めた。

私はようやく「自分にとって適切な表現」を獲得した。上司の中にはなお「過激すぎる」と眉をひそめる人もあった。だが、「他人の意見と想定されたどこにもないかもしれない意見」を、自分の筆で書き続ける不愉快な作業から抜け出すことができた。

それは、「名文」の技術を習得したからではなく、自分のぼんやりとした疑問を裏付ける事実を集め切り、それに即した表現方法をさぐりあてることができたからだ。

2 「書けない」を乗り越える技術

(1) 何を、だれにあてて書くのか

拙い個人的な体験を長々と披露してきたのは、「書く」ことは「大作家」という名の家元に認定していただくアクロバティック的な芸の世界でもなく、世間にほめられるための処世術でもなく、普通の人間が物事を考え、これに確信を持ち、他人に伝えるためのごく自然な営みなのだ、ということを共有してほしかったからだ。

人間はだれでも、他人にはわかってもらえないかもしれないという脅えを抱えて生きている。「わかってもらえないかもしれない」何かは、ペンをとり、またはパソコンに向かって、文字に変えて書き連ねていく過程で初めて形をとる。その過程が「考える」ということだ。その過程で、人は必ず、だれか語りかける相手を想定している。

たとえば、①頭の中でぼんやりしているものを、だれかに説明しながら整理していきたいと思っているのに手近に聞いてくれる人がいない場合、②一人で悩んでいることがあり、打開策を見つけたいのに相談相手がいない場合、③とてもわかってもらえないかもしれないが、自分として

はどうしてもわかってもらいたいことがらを、説得できる形に変えていきたい場合。そのときに有効な作業が「書く」ということだ。

典型例が『アンネの日記』だろう。ナチスから逃れて隠れ部屋に住むユダヤ人少女のアンネは、プライバシーもない狭い空間の中で、暮らすしかない。そんな中で、日記帳に「キティー」と名付け、何でもうち明けられる友達と想定して文章を書いていく。映像でもなく、音声でもない。孤独な自分の思いを、どこかのだれかに伝えたいという願いが、文字を書きつらねさせる。

書きたい、と思ったとき、一体、自分は何をはっきりさせたいのか、それをだれにあてて伝えたいのかを考えることで、向かう先は鮮明になる。そんな必要がないほど人間関係に満たされ、楽しい人生を送っている人がいるとしたら、その人には「書く」ことは必要ないのかもしれない。逆に言えば、「書く」ことは、この世でどうやっても報われないかもしれない人たちや、だれからもわかってもらえないかもしれない人たちの最後のよりどころになりうる作業だ。

おそらく、「書く」必要などなかったに違いない人が、「名刺代わりに書きました」といって送ってくれる本の数々に少しばかり疲れている身としては、「書く」前には、何をはっきりさせるために、だれに書くのか、という問いを、ちょっと立ち止まって自身に投げかけることは、重要な作業に思える。

だれかに伝えたいと思うとき、「伝わる文章」への需要が生まれる。「ほめられる」ではなく、「伝わる」である。「わかってくれそうもない」人たちにあてて、「自分にとって切実な表現」を発信しようと四苦八苦していたとき、どのような技術が役に立ったか。次は、その探索の過程を紹介しよう。

(2) 規則はいらないが産婆役はいる

日本の文章づくりのノウハウとして、広く知られている手法に「起承転結」がある。

起承転結とは、漢詩の形式をもとに考案された文章構成の方法だ。文章を始めるきっかけとなる説き起こしの文または段落が「起」、これを受けて発展させた部分が「承」、話題を転換させて変化を狙う部分が「転」、全体をまとめるものが「結」というわけだ。

例としてしばしば引き合いに出されるのが

(起) 京の五条の糸屋の娘
(承) 姉は十六　妹十四
(転) 諸国大名は弓矢で殺す
(結) 糸屋の娘は目で殺す

である。

これは江戸時代の学者、頼山陽(らいさんよう)が、起承転結法の見本として作った俗謡といわれるが、確かに、日本の文章には、こうした形式で展開するものが多い。随筆などによっては、書き出しがあり、その説明が来て、「このテーマでずっといくのかな」と思っていると、いきなり

「転」というか、無関係なものが飛び出し、「なんでこれが出てくるの?」と眼をむいているうちに、すっと結に入って終わり、というものをみかける。何だかわからなかったがテンポはよかった、という思いだけが残るふしぎな文章だが、こうした文章の筆者は、起承転結で訓練された人たちなのかもしれない。

絵本作家、五味太郎氏は『大人問題』(講談社、一九九七年)の中で、こうした起承転結主義に対し、気にするな、と呼びかけている。そんな形式にこだわらず、書きたいことを、書きたいスタイルで書くことこそ大切、という主張だ。

書きたいことがわかっている解放された頭の持ち主には当然の主張だ。また、このパターンにはまらない文章を、「駄文」「作法知らず」と批判するような「文章道の家元」が幅をきかす社会では、呼びかけの意味は大きい。

だが、他人の思惑に右往左往せざるをえず、「人に好かれる文章」を書こうとあせり、縮こまってしまう書き手が少なくないこの社会では、頭を解放するための産婆役となる装置や手引き書は、やはり必要だ。とはいえ、起承転結では、頭を解放するには不十分だ。むしろ、それにとらわれすぎてしまう恐れさえある。

(3) 英語エッセイのお作法が助けに

そんなとき、私にとって産婆役になったのは、英語のエッセイの書き方だった。英語が論理的で日本語が非論理的だから、などと言いたいのではない。どんな言葉でも、頭の中身を論理に従って整理し、並べる技術があれば、論理的に書くことはできる。

問題は、率直に伝えることより、嫌われないこと、従うこと、を優先してしまう社会の状況だ。ここでは、論理は後回しにされ、角を立てないことが優先される。そのため、あいまいで情緒的で意味ありげで字面は美しいが、実は何を言いたいのかわからない「名文」が横行するのである。「多数派」に脅え、本音を隠さなければ生き延びられないと思いこんでいたころの私は、論理的な文章など、まったく書けなかった。「だって、論理的に書いたりしたら、考えていることがわかっちゃうじゃないか！」というわけだ。女性の文章が、しばしば情緒的で非論理的だと批判されるのは、多くは偏見のせいだが、一部に、こうした「少数派の脅え」が左右している面もあるかもしれない。

尊敬していたある上司は、「いい原稿とはいい映画のようなものだ」と言った。彼は、名画「第三の男」をひいて、まず、全体を象徴するような印象的な幕開けのシーン、はらはらする展開、最後に忘れられない幕切れのシーン、こういった構成の原稿を書け、と言った。新聞の冒頭の「前文」は印象的に、中身に当たる「本文」はサスペンスにみちた発見のあるデータを連ね、最後の段落は、全体をしめくくる力強い落ちで終わらせろ、というのだ。

この助言は非常に有効な部分もあったが、本当に問題だったのは、もっと基本になる、考えを組み立てていくお作法が欠けていることだった。私の原稿は、あっちのエピソード、こっちのエピソードと「印象的なデータ」がただ迷走し、「きっとわかってもらえない」のあきらめのうちに何をいっているのかわからないまま終わる。それをデスクが「やれやれ」といった表情で、自分の文脈に沿って立て直し、何とか後始末をつける。

こうした記者を業界では「データマン」という。データはたくさんとってくるのだが、自分でストーリーをつくれない。当時の私は、ストーリーをつくったら、多数派には理解できない思想をもっていることがばれてしまう、と心のどこかで心配していたからだ。英文エッセイの指導書の論理は、こうした不安を消す役割を果たしてくれたのだった。

(4) 身もふたもないハウツー

これらの指導書の多くは、まず、文章(passage)とは、いくつかの文(sentence)が束になってひとつの方向性を示す段落(paragraph)によって構成される、という基本から始まり、次に、その各段落が、それぞれどんな役割を果たしているかを分析していく。

最初の導入段落は「序論(introduction)」であり、この導入部を支えるための「本論(body)」が続き、最後にまとめ役の「結論(conclusion)」の段落で締めくくられる。

それぞれの段落には、最低限入れるべき要素が決まっており、それらを入れ込んでいけば、なんとか他人にも一応は説得力のある原稿になっているはず、という、身もふたもないハウツーである。

序論に不可欠とされるのは、①トピックは何か、つまり、これから何について議論を始めるのかであり、次に②トピックに対して自分はどう考えるか、どんな意見を持っているのか、つまり、「論旨」は何か、である。これから旅行に出かけるとき必要なのは、①は、いま自分はどこにいるかの確認であり、②は、これからどちらの方向に向かうか、である。それをまず決めて、読み手を安心させなさい、というわけだ。

本論では、序論で簡単に示して置いた論旨について、なぜそう考えるのかについての「理由」とこれをサポートするための「具体例」と、例についての「分析・評価」を添えて、説得的にサポートすることが求められる。

より説得的にサポートするために、いくつもの具体例を紹介する必要があるが、そこでは、読み手がもっともついて行きやすいと思われる順序で書いていくよう指示される。

具体例は、極端に個人的な例は避け、だれにとっても納得できる一般的な例をあげるのが原則だが、よりくだけた場合には、一般例に加え、個人的な体験も加えると一段と親しみと説得力が増す、という助言をしている指導書もある。

さらに最後のまとめにあたる結論では、論旨をもう一度、簡単に繰り返し（論旨の再表明）を行い、「だから、こうだ」と締めくくる。論じきれなかった問題点も合わせて指摘し、「本当は問題の全体像をつかんでいるのだが、ここでは、紙面が限られているので、一部だけを論じたのだ」とすごみをきかせることも、場合によっては必要だ。

こうして、一定の枠の中に、必要な要素を入れるよう指示され、それを機械的に埋めていけば、脅えや迷いなしで、いつのまにか目的地につける。これまでの「起承転結」論では漠然としすぎていた文章の構成法が、穴埋めをしているうちに身についてくる仕掛けだ。

多くの書けない書き手は、「ああ書いたら嫌われるのではないか」「こう書いたら愚かと思われるのではないか」「こんな表現ではあまりに凡庸と言われないか」と、ありとあらゆる心配に取り囲まれている。その結果、自分はどう考え、なぜそう考えたのかの筋道を示すという「書く」ことの本来の目的を忘れてしまう。だからこそ、機械的な手順から入り、不安なしで、結果的に頭が解放されていく手法が有効なのだ。

（5）仮見出し

それでは、具体的に、どのような手順を踏んで「頭が解放」されていくのか。英文エッセイの書き方や、新聞の記事執筆の体験を組み合わせながら、その手順を紹介してみよう。

最初に必要なのは、何を伝えたいのか、つまり「トピック」をはっきりさせることだ。

自分は何を書きたいのか、を頭の中で考え、「仮見出し」を考えてみる。「見出し」は、新聞の要旨を簡潔に、一〇文字程度で伝えるものだ。仮見出しは、こうした正式な見出しがつけられる前に、記者が、記事のニュースは何かを仮の見出しの形で考え、これに沿って原稿の組立を考えるための最初の手続きだ。

仮見出しを考えるときのポイントは、これから書こうとする文章の何が新しいのか、自分が書く意味は何なのか、洗い出してみることだ。

たとえば、「美人はトクか」というテーマで書きたいとする。そのテーマを思いついたのは、①美人はトクだという思いこみに反発を感じ、そうではないことを立証しようと思ったからか、または、②顔だけが人生ではないという欺瞞的な主張に怒りを感じ、やっぱり美人はトクなのだ、ということを立証しようと考えたのか、いくつか立場があるだろう。

折り込み広告の裏でもいいから、手近な紙に、何を主張したいのかを、一〇文字程度の簡潔な見出しにして書き出してみる。これが「仮見出し」、つまり仮タイトルだ。

①の立場なら「美人はホントにトクか〜薄幸の美人伝説から考える」などという仮見出しができるだろう。②なら「重要なのはやっぱりカオ〜第一印象が決める人間関係」といったものが考えられるだろう。

(6) 段落とアウトライン

文章が「段落」から構成されていることはすでに述べた。次に必要なのは、段落をどう組み立てて「文章」をつくるかの設計図づくり、つまり「アウトライン」づくりだ。

文章の中には、序論、本論、結論の段落の大きな箱があることも、すでに説明した。これらの箱に何を入れ込み、いくつの箱をつくり、それをどう並べるかを考えれば、設計図はできる。

図のように、手近な紙に、序論、本論、結論と書いて、それぞれに小さな箱をつくる。

序論：

・論ずべき話題は何か　□

・自分はどう考えるか　□

本論：

・段落Ａ

　この段落のテーマ

　データ１
　データ２　｝共通のもの
　データ３

　評価と分析

・段落Ｂ

　この段落のテーマ

　データ４
　データ５　｝共通のもの
　データ６

　評価と分析

・段落Ｃ　……

・段落Ｄ　……

結論：

・論ずべき話題のおさらい　□

・論証の要約　□

・結論　□

序論には、①何を主張しようとするかを表わす文、②これについての自分の立場を示す文（論旨のセンテンス）、さらに必要があれば③それをどんな方向へ引っ張っていこうとするのかを示す文、の三つがあれば足りる。①には、「論じるべき主題」と書き、「美人はトクか」と書いてみる。その下に、②として「自分の立場」と書き、「そうは思わない」と書いてみよう。最低限、これだけあれば、序論はできるが、もっと絞り込むなら、その下に、③として「今後の方向」と書き、「就職活動の際、美醜が採用に関係あるかどうかを中心に」などと限定してもいい。

書き始めるときは、これらをただ、文に置き換えていけばいい。たとえば、①として「美人はトクだと人は言う」といった文で始めれば、読者はテーマについての見当がつく。②は、「しかし、それは本当だろうか」または「それには多くの疑問がある」とでもしておけば、「筆者は反対らしい」とわかる。③は、「ここでは就職活動への影響を中心に考えてみよう」としておけば、論じる範囲が際限なく広がることは防げる。

序論は、このように、読者に全体の見取り図を与えるためのものだ。序論は簡潔であればあるほどいい。やたら長いということは、何を書きたいのかが絞りきれていないことを意味するからだ。

新聞の場合、序論にあたる最初の段落は「前文」や「リード」などと呼ばれるが、「下手の長前文」との言い回しもあるほどだ。「一言で言えばこうだ」と示さないと、読者はいらいらしてしまう。

(7)データの分類から段落ができる

次は本論だ。本論は、序論をさまざまな具体例で支える複数の「段落」からなる。段落は、単なる改行ではなく、ひとつの段落が、ひとつのまとまった主張を持つ。いわば、文章の部品だ。

段落の作り方は、意外に簡単だ。まず、自分が集めた材料やデータ、主張をすべて、順不同で書き出してみる。一種のブレインストーミングといえる。これらを、共通点があるもの同士くって、ひとつの箱に入れる。こうしていくつかの箱ができていく。この箱が段落だ。

「美人はトクか」を例に、段落を作ってみよう。手始めは、手元の紙に、思いつく限り、美人について集めたデータや考えていることを列挙してみる。

①美人は注目を浴びやすいため、チャンスに恵まれやすいと言われる、②美人は人にいい印象を与えるので、就職などで有利だと言われる、③絶世の美人といわれた小野小町は年を取ってから人々からかえりみられず落魄した、④クレオパトラは美人と言われるが実は頭が良くて美しく見せる方法にたけていた、⑤美人は男性から愛され、経済力のある男性と結婚して「玉の輿に乗れる」という主張がある、⑥楊貴妃は皇帝の寵愛がすぎて、人々の嫉妬と恨みを買った、⑦「美人薄命」ということわざがある、⑧美人コンテストに入賞した人の二〇年後のアンケート結果でその後の人生で入賞は意味がなかったが多数を占めた、⑨最近の若い男女は年収格差が縮まり、男性のフリーターも増えて経済力を期待できない男性が増えている、⑩「美人は三日で飽きる、不美人は三日で慣れる」と言われる。

これらをグループ分けすると、①②⑤は「美人はトク」のグループ、③④⑥⑦⑧⑩は「美人は必ずしもトクではない」のグループ、⑨は客観的データとなる。

材料は不十分だが、とりあえずこれだけの手持ちのデータからでも、次の四つの段落ができる。

【段落A】「実例から見ると、美人はさほどおいしいものではない」という材料を束ねたもの。この中には、伝説の美人の悲劇を表す③④⑥と、美人コンテストに入賞してのその後の人生には関係なかったというアンケート⑧の二つの塊が含まれる。

【段落B】「美人はトクだという説が世の中には多い」という材料を束ねたもの。①②⑤から構成される。

【段落C】「客観的には、必ずしも美人有利説は立証できない」との材料を束ねたもの。要素は⑨のみ。

【段落D】「ことわざなどでも美人のメリットには限界があるといわれている」との材料を束ねたもの。⑦⑩から構成される。

これらの段落を並べ変えると、次のような論理の展開ができる。

B＝「美人はトク」と人はいう→A＝だが、伝説の美人などの実例を見ると不幸な例も多い→D＝ことわざなどでも美人はトクとは描かれていない→C＝データなどを見ると、今は、美人なら玉の輿に乗って上昇できる、といった社会的条件は減っている→結論＝これらを考え合わせると、美人というだけではだめで、これを使いこなす力量こそが重要なようだ。

各段落の中の材料に評価・分析を加え、段落間をうまく文章でつなげば、一応は本論ができる。だが、こうして並べてみると、データの補強が必要な部分も鮮明になって来る。CはBとA・Dの落差を説明する段落だが、この部分の材料が足りないために、結論の「美貌をつかいこなす力量こそが必要」が生きてこないのだ。そこで、Cを補強する新しい材料探しに入り、これを補強した後で完成となる。

ポイントは、ひとつの段落には、その主張を支える材料だけをいれることだ。そうしないと、読み手はあちこちへつれて行かれることになり、迷ってしまう。また、それぞれの段落の冒頭に、各段落の結論やその段落が目指すことを簡潔に書いておくことも、読み手を迷わせないためには有効だ。書き手も、進むべき方向が定まって迷いにくくなる。

(8) 結論でダメを押す

最後が「結論」だが、これはもっともつくりやすい段落だ。

ここでは、①テーマのおさらい=美人はトクかどうかを論じてきたことの念押し、②これまであげた複数の論拠のおさらい=美人はトクとはいえないことを立証する三つの段落の簡潔な要約、③「その結果、こういうことがいえる」との結論=美人はトクという意見は根拠がないとのダメ押し、の三つの文があれば基本的には足りる。

これらを文章にしてみると、「多くの人が『美人はトク』と主張する。だが、伝説の美人たちなど、実際の美人の例をみると、美貌によって報われる例ばかりではない。社会が変化し、美貌によって男性に選ばれることが、すぐに上昇につながる条件も減っている。そんななかで、女性の損得を左右するのは、美人であることより、むしろ美人であることを使いこなす力量といえそうだ。その意味で、単に容貌が美しければトクだという主張は正しいとはいえない」といったところだろうか。

これまで挙げてきたことを要約すれば、思いつく限りのデータや材料を列挙し、これを共通点に沿って分類し、分類によってできた複数の段落という小箱を、論理の展開に沿って並べ替え、ひとつの「文章」という大きな箱を組み立てる、ということだ。

(9) 最終点検

だが、さらに「伝わる」文章にするには、一度書き通してみたものを、通しで見直し、字句の校正や段落の入れ替えといった作業をする必要がある。靴磨きで、靴墨のムラやほこりを払ってつやを出すブラシかけにあたる工程だ。点検のポイントは、段落や文、言葉が、論理的に並んでいるかどうかだ。

ひとつの段落に、無関係なエピソードが紛れ込んでいないだろうか。論理の流れやエピソードがあちこち飛んでいないだろうか。こうした欠点があると、読み手にわかりにくいのはもちろんだが、それ以上に、書き手自身も、自分が何を考えているのかわからなくなっていく。論理に沿って並べていく過程で、自分が何を考えていたのかが初めてわかる――これが「書く」ことの真の効用なのだ。

言い換えれば、並べ方がわかりやすさやすさを決めるわけだが、並べ方の例としては、

1. 時間：起きた順
2. 空間：地理的あるいは物理的に大きなものから
3. 因果関係：原因から結果へ、または結果から原因へ
4. 問題と解決：問題を提起し解決策へ
5. 重要度：重要なものから先に

などがある。

読んでみて、どうもすっきりしないときは、これらの順に並べかえてみると趣旨がはっきりすることがある。

また、相反する事実を無理に排除していないかどうかの再点検も大切だ。これは最初の設計図づくりのときに心がけることでもあるのだが、書いていく途中で、どうしても、主張にあったデータばかりを入れ込んで、反するものを捨ててしまうことがあるからだ。こうした要素は捨ててはいけない。「相反するデータの箱」という段落をつくって列挙し、これに別の段落で反論を加えるなど、反対論者のための居場所をつくっておく。読み手への説得力が増すだけでなく、書き手が自信をもって文章を進めることができる。

語句の点検については、「てにをは」が間違っていないか、誤字・脱字がないか、が基本だが忘れられがちなのは、必要以上に難しい言葉を使っていないかの点検だ。よりとりつきやすく、わかりやすくできる言葉はないのか。難しい言葉を使うときは、その必要があるのか、自分がこん

な言葉を知っているということを言いたいばかりに、難しい熟語を使っていないだろうか。率直に見つめ直してみよう。

たとえば、印刷されたものを一目みて、「黒っぽいなあ」と感じるのは、漢字熟語などのとりつきにくい言葉が多いときだ。専門用語や法律用語を使わなければならない文章はそうなりがちで、文章の趣旨に合っている場合は、問題ない。だが、「黒っぽい」場合、それはなぜなのか、その必要があるのかを立ち止まって考えてみてもいいだろう。

これらの点検をした後で、仮タイトルを本タイトルに直す。書いているうちに、仮タイトルでは不十分になってくることもあるからだ。

広く発表する必要のある文章の場合は、信頼できる人がいるなら、読んでもらってわかりにくいところを指摘してもらえれば、それにこしたことはない。

3　書くことは考えること

(1)「不安だからやめよう」から「自信がつくまで補おう」へ

これらの過程に沿って、書きたいことを組み立ててみると、考えるということの意味がわかってくるはずだ。

まず、序論を作っていく作業では、今、何をテーマに書こうとするのか、自分は、どういう立場なのか、その立場を、どんな方向性をもって説明していこうとするのか、がはっきりしてくる。「嫌われたくないからやめておこう」「こんなことを書いて笑われないか」といったためらいが、序論をつくる過程で、ふっきれていくのが実感できるだろう。序論ができた時点で、「だれがなんといおうと、私はこれを書く」という姿勢が定まる。

でも、まだ心配なのは、それをわかってもらえるかだ。自分でも、その主張が絶対に正しいのか、序論の時点でははっきりしない。確信を高めてくれるのが、本論の段落づくりだ。最初のブレインストーミングで、自分の持っている手持ちの材料はこれだけ、とすべて吐き出す。この作業で、自分の現状がつかめる。これを各段落に仕分けしていくと、どんな部品を持っているのかもわかってくる。並べ替えの過程では、論理の筋道がはっきりしてくる。さらに、「どうも、この部分が足りない」ということも分かってくる。足りなければ補えばいい。

ここで行われていることは、不安だからやめておこう、と引っ込んでしまう姿勢を問い直すことだ。自分がどの程度わかっているかを逃げずに見つめ、外に向かって堂々と言うためには何が足りないのかを明らかにすることであり、不足分を調達して、自分の主張に自信をつけることである。

結論は、本論で検証していった筋道を一言でまとめ、「そうだ、いいたかったのはこのことなんだ」と確認するための場所だ。

この方法で「いい文章」や「名文」が生まれるとは限らない。現に、私のこの文章を読んで、

「下手だなあ」「わかりにくい」と思う読者もいるだろう。ただ、この工程を通ることで、世間にびくびくしないで自分の考えをはっきりさせることは、最低限できる。

「うまく」なくても「ほめられ」なくてもいい。自分の考えをはっきりさせられること。それこそが、「書く」ということの核心なのだと私は考えている。

(2) 自立と情報収集

こうして、頭が自由になると、そこに生まれるのは、わかってくれる仲間であり、新しい情報である。自分が考えていることがはっきりすると、似たような悩みや疑問を抱えている他人が目につき始める。何を考えているのかはっきりしないままの薄暗闇の中を、何となく歩いているときは、他人の頭の中にも関心が持てない。自分の頭の中身がまとまることで、他人の頭の中が見えてくるのだ。

もちろん、逆にそのことで摩擦が増えることもある。だが、それもやはり、相手の頭の中身が見えてきたからこそ起きることだ。

自分の頭の中を「書ける」ようになると、口頭で発表できる力がつくだけでなく、小さな読者の輪ができる。「本を出版できるわけじゃないんだから、そんなことはありえない」と思う人もいるだろう。だが、Eメールや手紙ひとつとっても、読者は確実にいる。自分にとって適切かつ十分に表現できたときは、たいてい、共感してくれる人たちが出てくるものだ。この人たちは、「似た人たち」であり、一緒に問題を解決してくれる人たちだ。

さらに大きいのは、情報が集まってくることだ。

かつて「情報を集めるにはどうすればいいか」と聞かれたことがある。答えは「情報を発信すること」だ。情報を発信すると、その情報に関心がある人たちからのアクセスが必ずといっていいほどある。「情報がほしい、情報がほしい」といって嗅ぎ回っている人のところには、まともな情報は来ないが、発信者の元に来る情報は役に立つものが多い。いい情報とは、課題の解決に役立つものであり、発信によって共通の課題を求めている人同士の交流を促すものだからだ。

自分の言葉で発信できるようになってから、飛躍的に「これを書いてほしい」「自分はこう思う」といった記事への反応が増えた。こうした読み手との交流の中で、次の新しいテーマが次々生まれた。そして、「私もそうだった」と打ち明けてくれる新しい友人が、次々と登場した。発信するには、前提として自分の考えを鮮明にしておかなければならない。他人に自分の頭を合わせねばならないと悩んでいたころの私には、そもそも発信するものがなかった。「書ける」ようになったことで、発信の核ができ、「似た人たち」の情報が集まり、次の流れが始まった。

「書けるだろうか」「書く資格があるのだろうか」「わかってもらえるはずがない」「頭の中を整理できる自信がない」……。そんな人たちは、こわがらないで、まず座ってペンをとり、紙を目の前に置いて、書いてほしい。それがどうもうまくいかないとき、伝えにくさに悩んだときは、ここで紹介した文章の「部品製造工程」を試してみてほしい。その作業は、自分の頭で考え、自分の足で歩く自信をつけてくれるはずだ。これは、考えることに脅え、伝わる言葉などあるはずがないと引きこもり、一度は書くことが大嫌いになった一人の無器用な経験者からの小さなお勧めである。

参考文献

遠藤織枝『ことばとジェンダーの未来図』明石書店、二〇〇七年。
本多勝一『日本語の作文技術』朝日文庫、一九八二年。

マス・コミュニケーションの社会学
――マス・メディアの現実構成作用とメディア・リテラシー――

諸橋泰樹

1 「コミュニケーション」とは何か

(1)「方法」「内容」「やりとり」

コミュニケーションということばは、なかなか日本語に置き換えられない概念のため、英語がそのままカタカナで表記され日本語と同様に使用されている典型的な語であろう。その実、今や何気なく日常的に使われているこのタームについての含意を、多くの人たちは充分に意識してきたとは言い難い。

英単語で接頭辞com-やco-の付く名詞には、動詞のcommuunicateの名詞形であるcommunicationのほか、community（共同体）、company（企業）、communism（共産主義）、common（常識）、committee（委員会）、commercial（コマーシャル）、companiopn（同伴者）、またcoordinator

（調整者）、coeducation（男女共学）などの語が数多くみられる。いずれも「共に」といったような意味合いを有することばである。

『新英和大辞典［第5版］』（研究社）をひもとくと、「communication」についての多義的な語意群の中の一つに、社会科学的に的確な定義がなされており、そこには「言葉・記号・身振りなどによる情報・知識・感情・意志などの交換過程」と記されている。

つまりコミュニケーションとは、伝達方法（ことばや記号や身振りといった、見られ・聞こえ・されわれる「情報の乗り物」）によって、伝達のための情報の中身（情報、知識や感情、意思といった「意味内容」）が、「相互にやりとりされるプロセス」のことである。辞典の定義からエスキスを抽出すれば、コミュニケーションは「方法」「内容」「やりとり」からなり立つ現象のことをさすと言えよう。

人間のコミュニケーションの歴史は、ことば（話しことばと書きことば）、そして絵画・映像・色・音・光、彫像塑像などによる表現の歴史、記録の歴史、人間関係の歴史、そして社会関係の歴史である。したがってコミュニケーション研究は、「関係の研究」とも換言することができる。そして、「関係」が成立するためには、まず人間という主体が複数存在していなくてはならない。人間関係すなわちコミュニケーションはおのおの異なる主体である二人から始まるものである。

二人から始まる対人コミュニケーションは、やがて地域や家族、小集団や組織などのコミュニケーションへと個体的にもまた歴史的にもその場面を変えてゆき、歴史的には最近になってマス・コミュニケーションという形態を生み出した。massとは、大量とか大衆といった意味をもつことばである。いちどきに、多くの人に、大量に情報を伝達するマス・コミュニケーション社会は、その間接性や一方通行性、同時性、大量性、画一性、またリアリティのゆえに、我われ現代人に新しいコミュニケーションの対処法を要求している。ニュース仕立てで火星人が襲来したラジオドラマが放送されれば人びとは恐怖におののいて避難し[*1]、雑誌が妻の保険金殺人容疑で夫を追及すれば家の前に人垣ができ[*2]、カルト宗教によって住宅街で毒ガスが散布されたのを第一発見者の会社員が容疑者だと新聞が書けば人びとがそう思い[*3]、捏造されたデータによって納豆がダイエットに効くとテレビが報じればたちどころに納豆の売り上げが激増する[*4]。メディアが「現実」を構成しているのが、この時代なのだ。

この章では、コミュニケーションとマス・コミュニケーシコンについて原論を提示した上で、マス・メディアによるコミュニケーションのもつ特性である間接性、一方通行性、同時性、大量性、画一性、リアリティなどを有するメディアという道具に対して、我われ現代人がどのように対処し使いこなしていくべきかを考えてみたい。

(2)「方法」としての記号やことば

人類は、二足歩行をするようになって余剰となった前脚=手を使って道具を作り、その道具を用いて自然を加工するようになっておそらくすぐに、記録という行為を始めたと考えられる。動物や風景の写生、太陽や月星の運行の記録（日付）、そして他者に事物を示すための符丁、あるいは想像／創造された心象風景や模様。しるされた記録は、生ある個体として時間的にも容量的にも記憶に限界がある我われ人間の、偉大なる外部メモリーである。中には何万年もメッセージを発し続けているものがあり、我われは今でも当時の人びとの暮らしや考えを知ることができるわけだ。

この、記録のために必要な素材が、記号と媒体（メディア）である。

「記号」は、耳に聞こえる音や眼に見える線や光などが、一定の法則性をもって並べられたりデザイン（形象化）されたものである。「止まれ」の意味内容を赤い色の灯りという形式で表すことを、コード化（encode）と言う。赤信号は「止まれ」のコードである。そして、赤信号を見て「止まれ」という意味だと理解することを、コード解読（decode）と言う。人は、引っかいた模様、色、煙の形や間隔、音色や音の間隔、縄のゆわえ方、石の置き方などを「印（しるし）」として、一つひとつ意味を持たせ（エンコード）、それを見たり聞いたりした人はその「コード（約束ごと）」にのっとってそれを解読（デコード）している。このように我われは不断に、記号に宿った意味をコード化したりそのコードを解読して意味を理解しながら、コミュニケーションを行っている。

その中でも、最も洗練された記号が言語（ことば）であり、動物と最も隔たった能力が言語運用能力である。

ことばは、バーバルランゲージと呼ばれ、書きことばと話しことばとに分けられる。書き文字は眼に見える記号の体系であり、話しことばは耳に聞こえる記号の体系である。また話しことばの中にも、明快な言語の形を取らないうめきや叫び、擬音・擬声など周辺言語と呼ばれる「ことばにならないことば」の領域がある。

また非言語的な記号の中にも、しぐさ、表情、身体の間《ま》、沈黙、色、リズム、音や歌、ファッションや絵画などのような「抽象性の高い記号」の領域がある。これらはノンバーバルランゲージと呼ばれる。

(3)「方法」としてのメディア

記号表現は全て何らかの〝意味の乗り物である媒体〟や〝記録のための媒体〟、すなわち「メディア」という伝達手段を必要とする。たとえば、形や色やリズムなど一定の法則性によって意味をあらわすのろしの煙や太鼓の音は、記号化された「意味」が乗っている煙や音というメディアである。ただしケムリや響きは時間の経過とともに消えてしまい、記録はできない。それに対して書き文字は、中空に書くのではなく、引っかいて石板や粘土板に刻んだり、パピルスや羊皮紙、そして紙などに染料やインクのシミをつけてしるすものであり、あとに残すことができる。その際の石板や紙は、「記号」と「意味」がセットになった文字を乗せるためのメディアであり、「記録媒体」である。

一般に我われは伝達のための道具を「メディア」と言い習わしているが、media は複数形であり、英語圏では通常 medium と単数形で扱われる。ステーキの焼き方で「ミディアム」ということばがあるように、これには「中間」といった意味があり、意味をやりとりする両者の間を「とりもつ」ものということだろう。「メディア」を翻訳すれば「媒体」と辞書に載っているが、なかなかの名訳であり、両者を出会わせ変容させる（＝触媒）情報の容れ物（＝体）という弁証法的な意味を胚胎している。本、雑誌、新聞、映画、ＤＶＤやビデオ、ＣＤ、ゲームソフト、ラジオ、テレビといった日常的なマス媒体が思い浮かぶが、ノートやカンバス、手紙、ポスター、電話、携帯電話、電子メールのやりとりをするパソコンなども、主体と主体の間をとりもつパーソナルな媒体である。

メディアを、広く、表現や事実を記録するための道具ととらえれば、石板や粘土板、パピルスや羊皮紙の発生を待たなくとも、ラスコーの壁画のような洞窟の壁、ナスカの地上絵のような地面までもが、立派なメディアだった。また壺の模様、土偶のような古代の道具や呪術用具も、表現されたものである。我われは他者に「伝えたい情報」や「表現したい内容」すなわち「メッセージ」を、絵画や模様や文字、音などをデザインして記号に変換し、それを何らかの形でハードなもの、つまり眼に見えたり耳に聞こえたり指で触ったりできるメディアに乗せ、意思表示をしたり、理解したり、伝え合ったりしてきた。さらに、しぐさ、表情、身体と身体との間《ま》、身にまとう服、装飾品から建築物などに至るまであらゆるデザイン物は、何らかの意味を伝えるメディアだと言うことができる。

いだろう。

(4)「内容」としての情報

これまでのことを、「メディアは記号による意味の乗り物である」という風にも言い換えてもいいだろう。

音声に乗った［ki］という発音は、私たちに現物の「木」を思い浮かばせる。地面に書かれた「→」という記号は、こちらへゆけという意味をあらわす。我われが片手の指でチョキをつくって人に示す「Vサイン」は、勝利や平和をアピールしている。eメールで届いた「(^^)/~」というフェイスマークは、さよならを意味する。雑誌に印字された「美肌」という文字は、シミ一つない白い綺麗な皮膚のことである。デートの時に普段つけない口紅を塗るのは、特別な人と会うという意味があるからだ。写真に写っている仏頂面は不愉快のしるしだし、ネクタイは堅気の勤め人の意思表示だし、ベンツは成金をシンボライズしている。このように、あらゆるものがメディアとなり、そこには必ず「意味」が宿っている。

この「意味」のことを、コミュニケーション学の領域では「内容」とか「情報」とも呼ぶ。「情報」の意味は非常に多義的であるが、ここでは『新社会学辞典』（有斐閣）の記述の一部に則して、「知覚・事実判断などのように、情報処理系の環境（内外の状態）を表示するための記号集合」、すなわち「ある事柄に関し人びとの知識となるような知らせ」といった程度でとらえておこう。英語で情報は information がそれにあたる。

インフォメーションは、まさに「知らせ」であり、ゴミ収集日を知らせる町内の掲示板、携帯電話で知る乗り換え案内、バーゲンセールのチラシ、フリーマガジンのアルバイト情報、雑誌のプレゼント案内、新聞のテレビ欄、テレビの天気予報などが思い浮かべられよう。客観的で、事実に基づく情報というイメージがある。情報は、知識情報、生活情報、社会情報、文化情報、娯楽情報などといった図書館的な分類がなされることも多く、地域や家庭、会社や学校などで行われている教育は、こういった知識内容の伝達、コミュニケーションの一つに他ならない。

よく言われる情報社会とは、第一次産業中心の社会を経て第二次産業を中心とする社会から脱工業社会化（テイクオフ）し、サービス産業をメインとする第三次産業化に伴って、製造物ではない情報＝お知らせの生産・流通・消費が社会や人間のありかたを左右する社会システムのことである。そして、こういった膨大な情報を取捨選択し自らも情報発信するためのスキルを、一般に情報処理と呼んでいる。

それに対して、伝達内容をmessageと呼ぶことも多い。この場合は「メッセージを届ける」とか「メッセージ性がある」などと言うように、ある種の方向性や送り手の意思、価値観が入っているというニュアンスがある。

（5）「やりとり」としてのコミュニケーション

記号とメディアという方法を用いて、意味内容は、人から人へ伝達され、相手にその情報の意味が解読され、相手が内容を理解して初めて「コミュニケーションが成立した」ことになる。図

発信者（エンコード） ⇨ メッセージ／メディア ⇨ 受信者（デコード）

式的にはよく上記のようにあらわされる。メッセージを伝達する主体を「送り手」（発信者）と言い、受け取る側の主体を「受け手」（受信者）と言っている。

「受信者」は次の瞬間「発信者」となり、「発信者」は「受信者」となる循環が、意味や情報の「やりとり」、すなわち本来の意味でのコミュニケーションである。送り手のレベルでは意図、過程のレベルでは交通、流通、交換、相互作用、共感、受け手のレベルでは欲求、利用、影響、効果などといったことばがキー・タームとなる。

たとえば、送り手の抱く「意図」は、コミュニケーション欲求と言い換えることもでき、人が誰かに何かを伝えたい、自分の何かを表現したい、誰かとかかわりたいという、本源的な能力のことである。この欲求は、当然、誰か私にかかわってほしいという、受け手の側にもそなわっているものだ。「交換」は、人類だけが行う行為であり、情報の交換だけでなく、物々交換、人間や土地、資源の交換、貨幣とモノや貨幣とサービスとの交換（売買）は、コミュニケーション行為の一つである。また地位や役割の高い相手にものを贈ったり、相手への思慕や財産の継承などを背景としてものを与える「贈与」という行為もコミュニケーションの一種である。

「相互作用」というテクニカル・タームはコミュニケーション論の中では重要な用語であり、個人と個人、個人と集団、集団と集団の間でのコミュニケーションによって、こちらの行為が相手の反応を相互に呼び起こす、社会的行為のやりとりのことである。

メッセージの送り手から携帯電話でメールが来ればすぐに受け手が返事をする行為（急いでいる、大切な用件、大事な相手などといった理由が考えられる）、さらに言えばメールに対して返事をしない行為（めんどうくさい、返答に窮する、厭な相手、などといった理由があろう）、そして返事をもらった送り手がメールに対する返事あるいは返事がないことに対して次の行為をする／しないこと、そういった一連のことを相互作用と呼んでいる。コミュニケーションは、相互作用の連鎖である。

コミュニケーション論で使用する場合の「効果」とは、『社会学事典』（弘文堂）によると「何らかの説得意図を持った説得行動が行われる際に観察される、被説得者の心理的・行動的な変化」とされ、受け手の新しい情報の獲得による知識上の効果から認知構造上および感情や価値の面での変化つまり態度変容、そしてそれに基づく行動上の変化までをさすと述べられている。そのような意味で、コミュニケーションは情報のやりとりによって、相手に何らかの変容をうながすものだとも言えよう。特に「効果」という概念は、マス・コミュニケーションの機能において重要な意味を持つことになる。

2 「マス・コミュニケーション」の成立

（1）聖なるメディアの知的独占の時代

記号や文字、模様や絵画などを書き留める古代の媒体は、洞窟や崖、岩石や地面、木などであった。人びとは引っ掻いたり掘ったりしながら、それらに自然現象や風景、心象、伝達事項などを記録したのだろう。古代エジプトのピラミッドにも絵文字をはじめ様ざまな意匠がこらされているが、これらのメディアは、固く、記すにも力が必要で、重くて持ち運びは不可能か不便なもので、メッセージを知るためには人はそこへ足を運ばねばならないものであったから、いわば中央集権的なメディアだったと言ってもいいだろう。

やがて紀元前（ＢＣ）五〇〇〇年頃には可搬性のある粘土板が用いられるようになり、三五〇〇年頃にはそこに楔形文字がきざまれるようになる。さらに紀元前二五〇〇年頃のエジプトでは、より軽量の、動物の皮をなめしたパーチメントや葦を編んだパピルスに神聖文字を記した。紀元前三〇〇年頃のアレキサンドリアの図書館には、ギリシャ文字でパーチメントやパピルスによる巻物が五〇万冊所蔵され、ギリシャ人の哲学者たちが利用したという。そして紀元（ＡＤ）四世紀にはパーチメントを一枚一枚束ねて片側を綴じる冊子本の形態が生まれる。

これら「軽いメディア」は、人びとの間を巡るものであり、石版などのように「動かないメディア」とは違ってメッセージや知識が多くの人の眼にふれることになり、情報の伝達手段や人間の知識は飛躍的に増大した。

ただし人間は、このコミュニケーション・メディアを、長い間手作りによって製作していた。同じものを量産するにも、労力も日数も要しまた誤りも生じうるような、非効率・不正確な手書き・手描きで製造・量産するしかなかったのである。喋りことば、音、音楽といった通信手段・

表現手段に至っては一回性のものだった。ローマ帝国が六世紀には滅び、ヨーロッパでキリスト教が席巻していた時代、書物は写字生が写本室で聖書や神学書などをいくつも筆写し、挿絵画家が同じものをいくつも描いて量産していた。

別言すると、手作りのメディアはそれだけ労力と時間を使った高価なものとして、一部エリートの所有物であり、知の独占がなされていたことになる。この時代のエリートは神学者や神父たちで、あまつさえ書物は庶民が読めないラテン語で書かれていた。その後、文化的に「閉じたヨーロッパ」は、中国の製紙技術やアラブの技術なども入らないまま、長らく封建時代を過ごすことになる。

(2) 印刷機による近代コミュニケーション革命

情報伝達媒体の「第一次革命」は、ドイツで一四五〇年に発明されたといわれるグーテンベルクの印刷機である。鉛の活字を鋳造し、活字の凸版部分にインクをつけ、間に紙や羊皮紙を置いて、上からプレスすると、同じ文字・文章が手間いらずで速くかつ何枚でも印字できる。ここには合理主義、高速化、規格性、大量生産といった近代のエートスが詰まっている。ヴァルター・ベンヤミンのことばに倣えば、複製技術時代の幕開けであった。

同一情報の大量コピー技術である印刷機は、情報生産の合理化をもたらし、多くの人びとが同じ情報を入手できる平等社会をもたらし、しかもそれまで「手づくり」のために稀少で高額であったメディア情報（たとえば聖書）の低廉化をもたらし、それがさらに聖書の個人所有をうながした。

この現象は、聖書を神の唯一のことばとして重視し、神と個人のつながりを重視する新しい、しかし原理的な教義を生み、それまでのカソリックの教会権力に対する〝抵抗勢力〟であるプロテスタントによる宗教改革を生んだ。「個人」の発現は近代的自我＝西欧の個人主義を、複製技術は近代合理主義をそれぞれ芽生えさせ、さらには勤勉と富の蓄積を美徳とするプロテスタンティズムの禁欲倫理をエートスに、資本主義を発達させるに到る。また他方、守旧派の教会権力の衰えは、抑圧のくびきから解放された新しい文学・音楽・美術・建築・科学などのルネサンス（文芸復興）ともつながり、さらに羅針盤をたずさえて大航海時代に新しい土地が〝発見〟されて、その海外冒険譚が本の形をとって多くの人に読まれ、ヨーロッパは「世界（アジア・アフリカ・南米・北米＝異文化）」と出逢った。

このように、我われが現在自明視し生きている、個人、自我、合理性、資本主義、グローバル化など、「近代」が成立する基盤を創り上げたのが、印刷機であると言っても過言ではない。

一方で〝発見〟されたこれらの「未開の土地」は、ヨーロッパ各国にとっては、新しい資源の地と新しい商売の地を要求する資本主義や、新しい信者を獲得するのがミッション（使命）であるキリスト教の絶好の〝対象〟であった。土地は略奪されて統治され、不均等な植民地貿易、労働力としての奴隷の拉致・徴用、資源や嗜好品や財宝の収奪、ネイティブの虐殺や現地人との混血化、土着文化の破壊、言語の剥奪、土着宗教の弾圧などの暴力を伴って、植民地化が進むこととなった。イタリア人のコロンブスが「新大陸」を〝発見〟したのは一四九二年、マラッカ王朝がポルトガルに侵略されたのは一五一一年、スペイン人ピサロがインカ帝国を滅ぼしたのが一五三三年、東インド会社が英国で成立したのは一六〇〇年のことである。現代でも世界地図と世界史は、こういった帝国主義国家による侵略の後遺症からなっている。

(3) 大衆メディアによるマスコミ時代

同一かつ大量の情報伝達は、それまでのゲマインシャフト的な社会にはなかった、大量の人が集まり集合行動や集合的思考をする「大衆(mass)」を発生させ、もう一つのコミュニケーションである交通と商業の発達に伴って都市部を中心に大衆社会を形成する。一七〇〇年代に入るとヨーロッパでは商業都市でもある港などで新聞発行が本格化し、人びとはカフェやバーや宿でアフリカ、南米、アジアからの資源や奴隷などの荷揚げ情報を読み、船乗りや荷役の求人情報を探し、時の政権についての政治談義をするようになっていた。このような公共的な関心ごと、批判的な市民意識の形成とともに、ジャーナリズムが発展していく。

集合行動の端的な例は「流行」の発生であり、集合的思考の端的な例は「世論」の発生である。こういった、流行や大衆文化、世論や大衆心理などを形成し影響を与えたのは、複製技術による、即時的で画一的で大量の情報コミュニケーション、大衆的な内容のコミュニケーション、そして大衆間のコミュニケーションであった。マス・コミュニケーションの時代が幕を開けようとしていた。

同時にマス・コミュニケーションを介して、ことばの標準化がなされ、同一の考え方やモノが伝播し、為政者により建国神話がつくられ内外の異質物＝敵を措定するシンボル操作が行われ、ナショナリズムに裏打ちされた「領土」や「国境」を生んで、「国民」という共同の概念が醸成されていった。近代の国民国家の形成にマス・メディアが果たした役割には大きいものがある。米国が独立するのは一七七六年、フランスが市民革命を起こすのは一七八九年のことだ。

一七〇〇年代に毎日のように発行されることになった新聞、一八〇〇年代に米国で鉄道網とともに普及する雑誌を経て、本格的なマスコミ時代の到来は、国民の戦時総動員に力を発揮することになる一九〇〇年代からのラジオ放送から始まる。電波による電気信号を用いた電子媒体であるこのラジオこそは、産業革命の最後を飾るにふさわしい、リアルで臨場感あふれ、速報性に優れ、誰でも簡単に操作でき聴取できるリテラシー不要の、またネットワークにより何百万人もが同じ情報を同時に共有できる、マス・メディア＝大衆メディアの代表であった。ラジオの発明・普及は、グーテンベルクの印刷機に次ぐ情報伝達媒体の「第二次革命」と言えるだろう。

こうしてみると、人類の社会的関係がマス・コミュニケーション時代に入ったのは、前史としてグーテンベルクの印刷機の発明・普及以降五〇〇年ほどの歴史はあるものの、ラジオが発明されて普及したこの一〇〇年ほどのことに過ぎないことがわかる。その後のテンポはさらに速く、つい五〇年前の一九五〇年代から始まったテレビは、ラジオの特性に加えて映画が先鞭をつけた映像のリアリティを積み上げ、日常生活に入り込んで、人びとの意識やコミュニケーション行動、社会関係をまたたく間に変え、高度消費社会、高度情報社会をつくっていくことになった。テレビの発明・普及、これが情報伝達媒体の「第三次革命」である。

3 マス・コミュニケーション時代の課題

(1) 一日の多くをマス・メディア接触にさく現代人

現在、人びとのコミュニケーション行動の少なからぬ部分は、マス・メディアを通じてのコミュニケーション、すなわち情報産業機関が大量に発信する情報の受信行動が占めている。

NHK放送調査研究所が二〇〇五年に実施した「国民生活時間調査」[*5]によると、現代人のコミュニケーション行動のうち、平日のマス・メディア接触平均時間は、テレビが三時間二七分、新聞が二一分、ラジオが二三分、雑誌・マンガ・本が一三分、そしてビデオ八分、CD・MD・テープ九分、マス・メディア接触時間平均は四時間二七分におよび、全生活時間の二割近くに達する。これに必ずしもマス・メディアに分類されるか微妙であるがインターネット接触(メールのやりとりを含まず)一三分を加えれば睡眠や生活必需時間を除く多くの時間をこれら間接コミュニケーション情報の受信行動に費やしていることになる。

この時間は非接触者も含むサンプル全体の平均であり、接触している人（行為者）の値はもっと高くなる。行為者平均でみると、テレビ三時間四九分、新聞四七分、ラジオ二時間三一分、雑誌・マンガ・本一時間九分、ビデオ一時間四〇分、CD・MD・テープ一時間三四分、行為者のメディア接触総時間は四時間四二分となる。またインターネット接触（メール読み書きを除く）は一時間三八分である。テレビ以外は、「接触している人は長時間接触している」ということがわかる。

他方、非行為者も含む平日の人びとの映画・演劇・音楽・絵画鑑賞を含む「趣味・娯楽・教養」に使う時間は二五分、おしゃべり・手紙の読み書き・電話・電子メールの読み書きを含む「会話・交際」は二〇分で、パーソナル・コミュニケーションに費やされている時間はそれほど多くはない。行為者平均でみると、「趣味・娯楽・教養」は二時間三〇分、「会話・交際」は一時間四一分と大きく増えるものの、マス・コミュニケーションとパーソナル・コミュニケーションとを比べれば、マス・コミュニケーション接触がその時間量の多くを占めており、マス・メディアなくして我われの日常生活はもはやなり立たないことが明らかだ。

（2）オーディエンスのメディア観

表は、日本新聞協会が二〇〇五年に実施した「全国メディア接触・評価調査」[*6]にみる、各種メディアの印象や評価を訊《たず》ねたものである。新聞に有利な項目が並んでいるとは言え、それぞれの

表　メディアの印象・評価（複数回答、n＝3,443）（単位：％）

	新聞	テレビ（民放）	テレビ（NHK）	ラジオ	雑誌	インターネット
情報源として欠かせない	53.6	38.5	35.4	16.0	12.5	31.3
社会に対する影響力がある	53.4	46.7	46.7	14.3	15.4	29.9
地域や地元の事がよく分かる	52.1	19.5	15.1	12.4	3.2	11.4
知的である	50.7	6.4	39.6	6.7	7.4	13.8
社会の一員としてこのメディアに触れていることは大切だ	47.0	23.9	27.9	12.1	8.2	23.0
教養を高めるのに役立つ	44.9	12.6	37.2	9.0	15.8	19.9
日常生活に役立つ	44.0	35.8	28.7	15.1	18.2	31.2
世の中の動きを幅広くとらえている	43.3	28.2	27.5	9.7	9.6	21.4
情報が正確	42.8	13.6	43.8	11.7	4.3	12.8
手軽に見聞きできる	42.3	52.8	31.5	30.8	22.0	29.9
読んだ（見た・聞いた）事が記憶に残る	42.0	25.9	21.3	10.5	20.1	13.0
情報が整理されている	39.6	11.7	28.8	6.7	10.3	14.5
情報量が多い	38.9	29.1	21.3	8.5	14.5	49.9
情報内容が信頼できる	38.1	11.0	39.8	8.6	3.3	6.3
情報が詳しい	35.9	17.0	26.6	6.2	12.9	27.0
物事の全体像を把握する事ができる	35.5	18.1	21.6	5.1	6.2	11.2
多種多様な情報を知ることができる	34.9	32.1	20.3	11.1	18.6	47.0
仕事に役立つ	34.2	12.4	15.2	7.2	10.0	31.3
親しみやすい	31.3	67.0	21.6	31.8	32.1	20.9
分かりやすい	28.0	40.8	27.9	13.9	18.6	17.1
お金があまりかからない	26.6	39.0	17.6	35.6	5.8	13.8
中立・公正である	21.8	6.5	33.1	5.4	2.0	3.7
プライバシーに配慮している	20.7	8.4	26.1	6.9	2.6	3.7
専門的である	19.7	6.8	23.9	4.5	20.6	26.9
社会的弱者に配慮している	16.8	7.7	23.5	8.0	1.9	2.2
情報が速い	16.8	36.1	38.8	21.3	3.6	46.6
楽しい	11.3	65.5	14.7	23.0	31.9	26.7
時代を先取りしている	9.0	22.9	10.0	4.5	16.8	43.2
イメージがわかない・評価できない	3.4	3.6	7.8	20.1	17.3	17.4

日本新聞協会広告委員会『2005年全国メディア接触・評価調査』2005年より

メディア特性があらわれており、人びとがメディアを使い分けて情報取得行動を行っているさまがよくわかる。

ＮＨＫテレビで情報の正確性や信頼性、中立性などが、民放テレビでは娯楽性、親近性、手軽さ、わかりやすさなどが評価され、新聞は情報源や影響力、地域性、知的な面や教養性、また社会の一員として接しておくべきという項目などで高評価を得ている。インターネットでは情報の豊富さ、多様性、速報性、時代の先取性などで他メディアを大きく引き離しているところが注目される。

(2) マス・コミュニケーション研究の視点

こういったメディアによるマス・コミュニケーション現象を「対象化」し認識するために理念型的な整理をしてみると、①送出するメディアの種類や技術、②情報内容（コンテンツ）、③対象（オーディエンス）、④特性、⑤機能（利用、効果、社会的影響、社会的責任）、⑥送出機構（会社、作り手、流通、技術）、⑦法制度（公権力による許認可、言論・表現の自由、規制）、⑧経営（資本、広告収入、営業、販売）、などの面から分類でき、研究することができるだろう。ここでは、①から⑥までを中心に説明しておく。

情報を収集し、加工し、送出するメディアの種類としては、言うまでもなくテレビ、新聞、ラジオ、雑誌、書籍、映画、ＤＶＤやビデオ、ＣＤ、ゲームといった大量メディアがすぐに挙げられる。これらはいずれも、情報内容＝ソフトと、再生装置とが不可分に結びついている。番組を電気信号に変換して電波を送受信し再生するテレビ受像器やラジオ受信機、思考や物語を文字・活字に変換して印刷しその内容を解読する雑誌や本、音楽やゲームをコンピューター記号に変換しそれを音や映像で再生するＣＤやゲームなど、マーシャル・マクルーハンが「メディアはメッセージである」といみじくも述べたように、内容＝ソフトと再生装置がセットで初めて意味を持つものである。そしてメディアの種類ごとにさらに多様なチャンネル・銘柄が存在する。

これらマス・メディアのほか、ＮＨＫや新聞協会も調査対象として取り入れつつあるインターネットのサイトや掲示板、ブログ、携帯電話などのメディア、さらにはダイレクトメール、チラシ、ポスター、看板、街なかの有線放送、車内の吊り広告などなど、あらゆるところに情報を伝える大量メディアがあふれている。

メディアの技術はまさに日進月歩と言うにふさわしく、ひとくちにテレビと言っても地上波のテレビ（二〇一一年をめどに電波がデジタル化される）、ＢＳ（衛生放送）、ＣＳ（通信放送）、電波によらないＣＡＴＶ（ケーブルＴＶ）のほか、携帯電話やインターネットでもＴＶ番組を観ることができる。それに伴い、各種法制度がこれまでの放送・通信行政の間尺に合わなくなってきた。新聞や出版などの文字メディアも現在では全てコンピューターにより製作されている。

情報内容別にみると我われは、今日の天気予報や株価、芸能人の話題、健康に関する新しい知識から、現在国内や世界で起きているニュース、来月の映画の封切り予定に至るまで、政治・社会情報、商業情報、知識情報、文化情報、生活情報などあらゆる情報を取捨選択して日常を生きている。

メディアの対象となる人びと、すなわち視聴者や読者はオーディエンスとも呼ばれ、メディア利用の仕方や満足の得方、それにより個人的・社会的にどのような影響を受けたのか（受けなかったのか）、どのような知識を得たのか（得なかったのか）、どのように感動を得たりカタルシスを得たのか（しなかったのか）など、様ざまの調査研究レベルがある。またその対象は世界の人びとからごく一部にセグメントされた人たちまで多様であり、切り口も国や地域だけでなく、階層別、性別、年齢別、そしてオーディエンスのニーズ別、パーソナリティーやライフスタイル別、また送り手のターゲット別と言った見方もできる。

しかしながら、メディアデバイドやデジタルデバイド、知識ギャップなどと言われるように、リテラシーのない人、メディアを購入する所得のない人、アクセスするスキルを持たない人などが、国、政治体制、地域、階層、所得、性、年齢などの条件や格差によって数多く存在するという事実を忘れてはいけないだろう。

（3）メディアの地位付与・議題設定機能

特性については、繰り返し述べてきたように同時性、大量性、画一性などの他に、間接性や一方通行性などを挙げることができる。これらはマス・メディア一般に共通する傾向であるが、当然のことながらメディアの種類ごとにその特徴とする性質が異なり、オーディエンスも無意識のうちに利用や内容に応じてメディアを使い分けている。先の新聞協会の調査などは、メディアごとの特性をあぶり出したものとも言えよう。また、同じメディア種の中でも先に指摘したようにチャンネル別・銘柄別に違いがみられ、NHKと民間放送、民放の中でもTBSとフジ、新聞の中でも朝日と読売などのように、会社別に採り上げる内容や論調が異なることはよく知られている。雑誌は多様なジャンルから構成され、ジャンルごとに全く傾向が違う点に特徴がある。

マス・メディアの機能については、話題や議題を提供する機能、世論を形成したり流行・ブームをつくったりする機能、個人のみならず社会に対しものの見方や考え方、イデオロギーを形成する機能、行動を起こさせ態度を変えさせる機能、人びとに知識を与える機能、それと近似するが教育的な機能、生活や仕事の場での実用的機能などを挙げることができる・また、ドラマやバラエティー、アニメーション、マンガ、小説、趣味情報などがもたらす娯楽機能も大切だ。

機能の中でも大きな社会的意味を持つのが、個人の意識や態度に対してだけでなく、世論や社会意識、社会心理などと呼ばれる、人びとの集合意識を形成するのに大きな力を発揮している点である。その影響力は、政治、経済、文化、教育、犯罪など社会の総ての分野に及ぶ。

一方で、当初、ラジオの影響力に着目するところから始まったマス・コミュニケーション研究は、〝遅れた〟異文化を〝進んだ〟自分たちと同じようにすることが正義であると考える米国的な発想を反映して、「送り手」の「意図」を、「受け手」がいかに正確に受け取って態度変容するかといった、「説得」や「効果」研究にウェイトを置いていた。事実、効果研究は、マス・メディアの影響力が直線的であるという一九〇〇年代初頭からの弾丸モデルの時代を経て、メディアの影響はそれほどでもなくむしろ対人コミュニケーションが態度変容に効果的であるという限定効果モデルが台頭した一九四〇年代から六〇年代にかけて、多くの成果を挙げた。しかしながら次第に、メディアの影響力の有無を態度変容のレベルで実証しようとする行動科学的な調査研究よりも、議題設定モデルや沈黙のらせんモデル等にみるように、メディアが態度変容よりも認知レベルでもたらす効果やその結果として生じる世論形成の力、またオーディエンスの主体性・脱構築の可能性について論じるポスト・モダン的な批判理論などが台頭している。そこでは、オーディエンスのヘゲモニーを評価し、メディアが人びとの態度をたちどころに変えるという直線的な効果の因果関係について一定程度留保しつつ、メディアのイデオロギーを再発見する。

我われはテレビCMを見て影響され、すぐにその商品を購入することはしない。しかし、「メディアが取り上げたから話題にする」「メディアが取り上げたものが我われの話題になる」ことはしばしばあり、「メディアが取り上げたのだから凄い（のだろう）」とも思いがちだ。マス・メディアには、こういった地位付与的な機能がある。タレントが「読んでいる」と言っただけでその本がベストセラーになり、CMの商品がヒット商品となり、テレビの主人公の言動を子どもや若い人たちが真似をする。それは、メディアが取り上げたからに他ならない。逆に、メディアが取り上げなければ人びとに認識されることはない。

したがって実際、メディアのある種の「効果」は決して薄れてはいない。二〇〇五年、首相の姿と「郵政解散選挙」という一つのフレーズばかりがテレビニュースで繰り返し流され、それがイッシュー（争点）化されて、人びとにとってのアジェンダ（議題）となった。それによってその年九月の衆議院議員選挙の結果は大きく動いたことは記憶に新しい。過半数を制した与党はその後日本がますます剣呑になってゆく法改正を各所で行い、力を得た与党がそれゆえにまたメディアに露出して主張を表明する機会も増えた。ひとたび「大きな声」が形成され（あるいは形成されたような気になり）、「自己責任」とか「郵政民営化是か非か」、「海外貢献」「テロ対策」といったワンフレーズが定着すると、それに対して異を唱えることはしづらくなり、人びとは沈黙のスパイラルに陥って行った。メディア報道は、人びとの投票行動を左右したり政治的ムードをつくるだけでなく、その後の国のゆくえ、国民の安全保障まで変えてゆくのである。

またメディアは首相イメージ、タレントイメージ、商品イメージ、さらには他国イメージ、外国人イメージ、障がい者イメージ、犯罪者イメージ、ジェンダーイメージなどをつくり出し、ステレオタイプ化を促進する。我われ人間が対象をカテゴリー化しパターン化して認識しているように、マス・メディアは多くの人＝大衆に情報を伝え、購入し、消費してもらうためポピュリズムに邁進し、対象をカテゴリー化やパターン化して報じることを得手とする。我われの認識行為とメディアの認識作業は、同質のものである。

（4）再確認されるべきメディアの公共性概念

前項で例に挙げたマス・メディアの議題設定機能の考え方は、このように、メディア・コミュニケーションがダイレクトに影響を与えると言うよりも、洪水のようなメディア報道の中で、人びとはアジェンダ（話題）を、さして考えもせずイメージ的に認知し、考えをつちかっていったり態度を決めたりしていることを示唆するものだ。

そのほか、メディアが提供した議題や話題、付与した地位、知識、情報などを使って、我われは他者とコミュニケーションを取ることもしばしば行っている。メディアからの一方通行的なコミュニケーションのみならず、メディアは人と人とのコミュニケーションを促進したり、人びとの出会いの機会、話し合いの場（フォーラム）、他者との親密圏をつくる機能もある。

これら多様なメディアの機能から帰納される一つのキー概念をさぐれば、それは、メディアのもつ公共性ということになるだろう。

空気のように遍在しているメディア情報を、我われオーディエンスは「汚れていないもの」「害毒のないもの」、つまり事実であり間違っていないものという前提で接している。もとより我われは事件・事故の現場や総理大臣の側近にいて一部始終を見ているわけではないし、その特権もない。海外に取材に行く費用も、タレントとしばしば会う機会も、普通はまずない。送り手はそのような特権を有するエリート集団であり、特別の権利や権力をを持たない我われオーディエンスの付託を受けた代理者であるというのが近代以降のジャーナリズムの存立前提である。したがって「知る権利」は我われオーディエンスの権利であり、「言論・表現の自由」は我われの自由にほかならない。それゆえメディア情報の内容は正確であって当たり前であり、しかも生活や社会に不可欠であり、かつ人の意識や世論、消費行動、流行のみならず、政治や経済、文化に影響を与えるものであることから、非常に公共性の高いものと考えられている。「公共の電波」「公器としての新聞」と言われるのは、そういう意味からである。

そこから、メディアの社会的責任、コンプライアンス（法令遵守）という要請も浮上してくる。NHKと、民放各社を束ねる社団法人日本民間放送連盟とが制定する放送倫理基本綱領では、二項めに「放送は、民主主義の精神にのっとり、放送の公共性を重んじ、法と秩序を守り、基本的人権を尊重し、国民の知る権利に応えて、言論・表現の自由を守る」と述べ、新聞社の業界団体である社団法人日本新聞協会が制定する新聞倫理綱領では、前文において「新聞の責務は、正確で公正な記事と責任ある論評によって（略）、公共的、文化的使命を果たすことである」とし、その一項に「自由と責任」、二項に「正確と公正」を掲げている。

マス・コミュニケーション・メディアの機能について調査し考察し、公共性をもつメディアの社会的責任を追求することは、この研究分野の必要かつ重要なパートである。

(5) 送出過程でのメディア内容の歪み

公共的でクリーンなものであるべきメディアの情報が、特定の価値と結びつき、意図的・無意

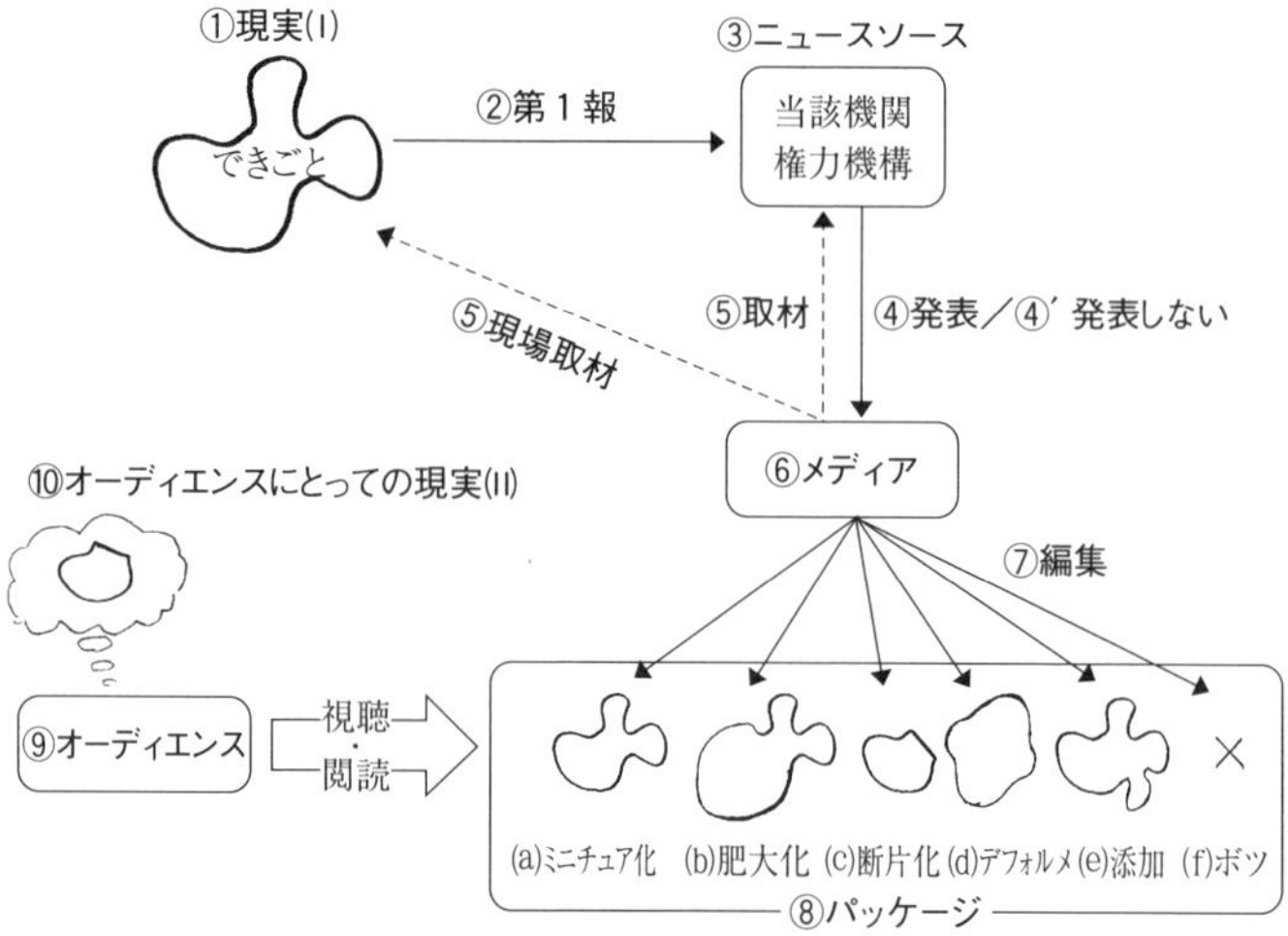

図　マス・メディア情報の構成プロセス

図的に歪むケースを、我われはしばしば見てきた。それは、メディア情報の送出機構が、政治的・経済的・社会的・文化的文脈や、技術的な制約から自由ではあり得ないからである。

上の図は、メディア情報の送出過程をモデル化したものである。丸番号が時間的経過を示している。

最初に、何らかの「できごと」である①現実(I)が生じる。普通我われは、事件・事故であれ、タレントの結婚・離婚であれ、また総理大臣の胸の内であれ、最初の段階で起こっている「できごと」を知る立場にない。ここで起きたできごとは、当事者や周辺人物などが、②まず第一報を、③当該機関や情報が集中する権力機構(所轄官庁等)に連絡するのが通常である。火事に際してまっさきにテレビ局を呼ぶことはしないし、火事現場にメディアがたまたま居合わせることもまずあり得ない。もしそういう僥倖があったとしたならば、それは「やらせ」を疑ってかかるべきだろう（だが実際にそういった番組や記事は少なくない）。

一報を受けた当該機関や所轄の役所は、情報を吟味し次の行動を取るわけだが、周囲で〝番〟を張っていたメディア側は慌ただしい動きを察知して何かあったと判断するか、④ブリーフィングや記者会見などの発表を受け、この時点で「できごと」をつかむ。ここで重要なのは、ニュースソースである当該機関や権力機構が情報をスクリーニングして、都合のよい部分のみを知らせたり、ねじ曲げたり、さらには、④発表しないことがあることである。権力機構内部の不祥事や「大物」のからむ汚職事件など、この時点で闇から闇に葬られた事実が、どれほどあるか知れない。

（6）構成されたメディアが現実を構成する

さて、ニュースソースによるスクリーニングの結果、④発表があったとして、メディアは、⑤担当者や周辺人物に対し、また現場へ飛んで裏を取ったり詳細を得たり、映像を撮ったり、関係者に聞き込んだりなど、取材を行う。集まった素材は、⑥メディアの許へ届き、そこで⑦編集がなされる。新聞であれば記事に書かれ、文章が変えられ、写真が入れられ、キャプションが付き、スペースに合わせて余剰の文章が削られ、見出しが付けられ、校正・校閲を受ける。テレビ番組であれば撮影された映像をつなぎ合わせ、他の映像を挿入し、放映時間に合わせて秒単位で余剰をカットし、アナウンスや音楽や効果音などの音声を入れ、テロップその他特殊効果を入れる。

その結果、印刷直前、放映直前にできあがり、最終的にオーディエンスに届けられるのが、⑧紙面や時間内にきっちりおさまったパッケージである。

このパッケージは、①現実（Ⅰ）とは似ても似つかないものになっている。現実の「できごと」を、生身の人間（マスコミ労働者）が、ある立ち位置から、ある思惑を持って取材し、それを一行一三字で二〇行ほどの文章や、二段の見出し、一枚の写真、六〇秒ほどの映像や音声であらわしたものであって、現実（Ⅰ）を一〇〇％「再現」できるわけがない。

⑧において報じられる内容は、最も精巧な再現物として（a）ミニチュア化が考えられるが、現実には不可能であろう。実際は特徴的な部分または特徴的でもない一部を（b）肥大化する表現、そして通常は（c）断片化が最も多いと思われる。断片化は、時間やスペースの都合、取り上げる側の主観、ねらいなどによっても日常的に行われている。また、細かいニュアンスを剥ぎ取ってわかりやすくする（d）デフォルメも多いだろう。わかりやすさのためだけでなく、取り巻く周囲をあれこれ忖度し、可もなく不可もない報道になるケースは少なくない。さらに、「インパクト」あるものや「効果的」にするために過剰な演出を加えたり、元はなかったものに新たに付け加えたりする（e）添加もある。いわゆる「やらせ」である。

そしてあり得る最後のパターンが、「できごと」が生じ、取材もしたのに、条件や制約から（f）ボツ（没）になるケースである。ボツになって報じられないケースとしては、締め切りに間に合わなかった、内容が間違っていた、ニュースバリュー（価値）がないなどと判断された、他の大きなできごとを優先した、政治家の圧力があった、広告主（スポンサー）の圧力があった、などがある。事実、そのようにして記事が載らなかったり番組が放送されなかった事例は、枚挙にいとまがない。戦時性暴力を裁く民衆法廷を追うドキュメンタリー番組が、政治家からの圧力により中止されかけ、カットされ、つけ加えられ、全く違うものになってしまったケースは、こういった改変の複合的な事例である。

マスコミの現場には、取材や調査の時間的・物理的また経済的な限界、待ったなしの締め切り、紙面スペースや放送時間の枠などのほか、読者や視聴者などオーディエンスにわかりやすいこと、話題性があること、視聴率や部数を上げて社内で「成績を上げる」ことなど、様ざまな条件や制約、思惑がある。そのため、現実（I）を細大もらさず再現することなどできないことは無理からぬところがあるのも事実である。また、「取材される側」の人権も守らねばならなず、オフレコ取材やニュースソースの秘匿など「出すに出せない」素材もある。最終パッケージとしてのメディア情報ができあがるまでの、企画、素材選び、取材、記事や番組の組み立て、編集やカット、演出ややらせ、そしてそれをもたらす制約や規制など、このようなつくられ方を総称して、「メディアは構成されている」と言う。

だが、マス・コミュニケーションの一連のプロセスで最大の問題は、⑨オーディエンスはこのようにして構成されたパッケージである（a）から（f）までのどれかを見たり聞いたり読んだりするしかない、という点である。プレスの腕章も、取材費も、何の特権も持たず、その構成過程も知らないオーディエンスは、できあがった（a）から（f）が「正しいもの」と思って視聴し、閲読せざるを得ない。その結果、たとえば断片化された（c）を見聞きしたオーディエンスにとっての認識は、⑩現実（Ⅱ）として認識されることとなる。先の①の現実（Ⅰ）の「できごと」と、ここでオーディエンスが構成した⑩の現実（Ⅱ）の「できごと」とは、大きな齟齬が生じている。

だが、我われにとっての現実は、メディアが報じたものの方にこそある。（e）のようにないものが付け加えられたりした場合、その「できごと」はあったことになり、（f）のように報じられなかった場合、その「できごと」はなかったことになる。

（7）個々人がメディア・リテラシーを鍛える

このように、構成されたマス・メディアがもたらす構成された現実社会の中で、我われ現代人はどのようにマス・コミュニケーションをとらえ、状況を生きてゆけばいいのだろうか。

テレビは、次から次へとセンセーショナルな話題づくりをし、あり得ないオカルト的な話題や弱者を笑うことで視聴率を得て、人びとにどのような意識や態度を醸成しようとしているのだろう。新聞は、解説や論説の枠を超えて改憲や連立政権をあおり、これからの日本をどうしてゆくつもりだろう。雑誌は芸能人のゴシップを追い、ファッションやブランド品を扱い、読者の嗜好をどうつくるつもりか。匿名の誹謗・中傷が瞬時に書き込まれるインターネットの掲示板によって、人びとの心はどこまですさんでゆくのか。

では、このような「けしからんメディア」は、封をし、公権力が規制をし、「表現の自由」などとおこがましいことを言わせず、あるいは一切信じず、利用しなければいいのだろうか。そうではあるまい。スタンリー・バランとデニス・デイビスは、このような憂慮すべきマス・コミュニケーションとオーディエンスとの関係に対し、各個人がメディア利用スキルを向上させること以外にないと断言し、それがメディア・リテラシー（メディアのメッセージにアクセスし、分析し、評価し、それを用いてコミュニケーションをとる能力）なのだと言う。[*7]

メディア・リテラシーのセオリーは、本章で述べてきたことが集約されている。それは、①メッセージを入手し、分析し、評価し、伝達する能力（メディア・リテラシー全国指導者会議）であり、②メディアが社会でどう機能するかに関する知識（ポール・メサリス）であり、③メッセージの創造や制作、伝搬における文化的・経済的・政治的・技術的制約の理解（ジャスティン・ルイス、スット・ジャリー）であり、④どんなメッセージが作られたのか、それらのメッセージがなぜ選択され、どのように解釈され、どんな影響を与えるかを理解すること（アラン・ルービン）である。[*8]

元来、リテラシー（literacy）とは、識字能力（読み書き能力）のことをさす。自分の名を書け、新聞や本を読めることとは、自己のアイデンティティを確立し、ものを知り社会のことを知って賢くなることに他ならなかった。過去、文字の読み書きができないため不利な条件や契約書、調書などがわからず、不当な労働を強いられ、財を奪われ、冤罪におとしいれられた人は数知れない。

現代は、よきにつけあしきにつけ、地上波テレビ放送のデジタル化について知っていたり、テレビ番組をＤＶＤ録画したり、メディアでの政治家の発言の裏＝真意を推察したり、新聞・雑誌記事の行間を読んだり、映像表現の表象を読み解いたり、携帯電話でグルメ情報を検索したり、パーソナルコンピューターを駆使してインターネットを使いこなしたり、年金や税金を計算ソフトで計算したり、パワーポイントでコンペを行ったり、流されやすい世論に惑わされず自分の判断を持たないわけに行かない社会である。新しいこれらの使いこなし能力（リテラシー）がなければ、我われは言われるままに投票し、宣伝されるままにものを買い、ウェブ登録しないままに損をし、いい加減な番組や記事に騙されるなど、自身の生活や生命の問題につながりかねない。メディアがいまだ真に我われの掌中にない現在、またその使いこなし能力がまだ我われに充分にそなわっていない現在、メディアを送出する側やメディアに影響力をもつ権力は、心地のよいことば、音、映像、文字、表象などの情緒的表現手法を駆使して、人びとを自らの都合のよいようにコントロールしようとしている。

実際、米国や日本が採ってきたネオリベラリズムの政策が推し進めてきた結果としての格差社会は、メディア利用においても、購入し・使える人／購入できず・使えない人の差を拡げつつある。よしんば携帯電話やパソコンを所有していても、構成された情報を鵜呑みにし、メディアに振り回されている人は散見する。メディアが報じる情報は様ざまな条件や制約によって構成されたものであるという相対性と批評性をもち、自らがメディアを主体的に使いこなし、そして自らが情報の発信者になることが、現代のマス・コミュニケーション社会を生きる我われの大いなる課題だ。

注

＊1　一九三八年一〇月に起きた、オーソン・ウェルズのラジオドラマが引き起こしたパニック。ハドリー・キャントリル（斎藤耕二・菊池章夫訳）『火星からの侵入——パニックの社会心理学』川島書店、一九七一年、に詳しい。

＊2　一九八一年にロサンゼルスで銃撃されのちに死亡した妻の夫・三浦和義さんが、妻に多額の保険金をかけていたことから保険金殺人ではないかと、八四年に雑誌『週刊文春』が「疑惑の銃弾」というタイトルで連載、テレビ局をはじめメディア・スクラム状態が現出した。三浦さんは日本の最高裁で無罪となっている（ただし二〇〇八年に米国で右記の容疑により逮捕された）。

＊3　一九九四年六月に松本の住宅街で起きたサリン散布事件で死傷者が出、第一通報者の河野義行さんが県警に重要参考人とされ、主に地元紙の『信濃毎日新聞』がそういった警察情報を垂れ流して容疑者であるかのような予断を与えた。真犯人はオウム真理教であった。

＊4　二〇〇七年一月、関西テレビの「発掘！あるある大事典2」で納豆のダイエット効果を紹介した放送においてデータの捏造があったことが判明した。番組放送後は、スーパーなどで納豆の品薄状態が続いていた。

＊5　NHK放送文化研究所『2005年国民生活時間調査報告書』NHK放送文化研究所、二〇〇六年。二〇〇五年一〇月に全国の男女一万二六〇〇人を対象に実施。回収サンプル数は七七一八人。

＊6　日本新聞協会広告委員会『2005年全国メディア接触・評価調査』日本新聞協会、二〇〇五年。二〇〇五年一〇月に全国の男女六〇〇〇人を対象に実施。回収サンプル数は三四四三人。

＊7　スタンリー・J・バラン、デニス・K・デイビス（宮崎寿子監訳）『マス・コミュニケーション理論――メディア・文化・社会――下』新曜社、二〇〇七年、五四二頁。

＊8　同右書、五四三〜五四四頁。

参考文献

岡野雅雄編『わかりやすいコミュニケーション学――基礎から応用まで』三和書籍、二〇〇四年。

岡村黎明『2011年7月24日――テレビが突然消える日』朝日新書、二〇〇七年。

香山リカ『テレビの罠――コイズミ現象を読みとく』ちくま新書、二〇〇六年。

川合良介『出版メディア入門』日本評論社、二〇〇六年。

児島和人・田崎篤郎編著『マス・コミュニケーション効果理論の展開［改訂版］』北樹出版、二〇〇三年。

中馬清福『新聞は生き残れるか』岩波新書、二〇〇三年。

「マルチメディア」の思想とコミュニケーション
――インターネット社会の光と陰――

高田明典

1　インターネットは「夢の島」

(1) インターネットにまつわるいくつかの「誤解」

「インターネット」に、「夢のような技術」や「素晴らしい道具」などというような感じを抱いている人は、まだまだ多く存在している。インターネットは『単なる』通信手段」とまでは言えないものの、決して「夢の技術」でも「不可能を可能に変えてくれる魔法のような道具」でもない。それは、郵便制度や電話網と同様の「技術」「社会基盤」でしかない。

たとえば、一般社会では、以下のようなことを言う人が後を絶たない。

①インターネットには何でも書いてある

②インターネットは「世界頭脳」
③インターネットによって、どこの国の人とでも簡単に対話できる
④インターネットによって人類は高度に「知的に進化」する
⑤インターネットによって人類は「幸せ」になれる

これらは、「そうなればいい」という理想ではあるものの、現状ではまったくといっていいほど実現されていない類のものであると言える。以下に一つずつ検討していく。

(2) インターネットには何でも書いてある？

インターネットにある「情報」の大半は「ゴミ」である。それらのゴミの中には、「粗大ゴミ」(ファイルサイズだけがやけに大きいが、中身はまったく無用なもの)も存在するし、「危険ゴミ」(爆発物の作り方とか、違法ソフトであるとか、過激画像や、アダルトコンテンツなど)も存在する。もちろんそれらの中に埋もれて、ごくわずかに「宝物」のような情報が存在している場合もある。しかし、それを探すのは容易なことではない。それは「巨大なゴミ埋め立て場」の中で、「役に立つもの」を探すのと同程度の時間と労力を必要とする作業となる。多くの場合、わずか一つの情報を探し出すために、数時間から十数時間もの検索を必要とする場合がほとんどであるといえる。丸一日検索に費やしたあげく、結局みつからなかったということも希ではない(私は、ほぼ毎日

「何らかの情報」を検索している類の人間である)。

インターネット上の情報の検索は、ここ数年、年ごとに難しくなってきている。検索ツールも進歩してきており、自動巡回検索ツール(あるキーワードを入力しておくと、何十時間でも世界中のサイトを検索しつづけ、発見すればそれをダウンロードしてくるというソフトウェア)にも性能のよいものが出回っており、私も多用しているが、それでも、なかなか目的通りの検索はできない。その一つの原因は「ゴミ」が多くなってきていることにある。少し「範囲の広い検索キーワード」を設定しようものなら、すぐに「10ギガバイト」ものファイルがたまってしまい、単にそれらを消去するだけでも大変な作業となってしまうという状況になりつつある。

(3) インターネットは「世界頭脳」?

この考えにも疑問を感じる。インターネットは通信手段でしかない。インターネットという通信手段に何かを考えさせることはできないし、もともとそのような機能は付随していない。思考するのはあくまでも「自分」でしかない。あたりまえのことだが、インターネットに接続して、そこから情報を得ただけで、何か「ものすごいことを思いついたり」「考えられるようになったり」するなどという考え自体、無意味である。仮にそれが「インターネットを使えば、世界中の優れた知識にアクセスすることができる」ということの比喩的表現だとしても、正しいとは言えない。前項で述べたように、インターネット上に存在している情報の大半はゴミであるし、中には危険なものさえ存在する。「世界頭脳」という言葉の意味は、実際には定かではないが、少なくとも現状においては、決してそのように呼称される「素晴らしいもの」ではないことだけは確かである。

（4）インターネットによって、どこの国の人とでも簡単に対話できる？

これも奇妙な考え方であると言わざるをえない。コミュニケーションに必要なのは、第一に「意図」であり、第二に「言語」である。まず、「コミュニケーションしよう」と考える意図や目的がなければ、コミュニケーションそのものが成立しないことは当然である。そしてまた、いかにインターネットを使おうが、言語（基本的には英語）を使うことができなければ、意志を疎通させることは不可能である。インターネットは電話と同様の「通信手段」でしかないのだから、インターネットで「コミュニケーションできる」人は、電話を使っても「世界中の人とコミュニケーションできる」はずである。これまで世界中の誰とも連絡をとったことの無い人が、「インターネットを使うようになったから」というだけで、「誰とでも簡単に情報をやりとりできる」と考えることは、あまりにも短絡である。事実、多くの若者は、比較的難なくインターネットという道具を使いこなしているが、その中で、日常的に諸外国の人たちと縦横無尽に情報をやりとりしている人など、極めて少数でしかない。

(5) インターネットによって人類は高度に「知的に進化」する?

これは「理想」ではあるものの、この理想の実現は、かなり困難であると考えられる。それは、まず少なくともここ数百年間、道具が人間を知的に進化させたことはないという経験的な知識からもわかる。電話によっても、テレビによっても、コンピューターによっても、決して「人間は知的に進化」などしなかった。むしろ、多くの人間はそれらによって堕落したと考えるほうが妥当である。道具が人間の「好奇心や欲望や力」を「増幅させる/加速させる/強化する」ことはあっても、その方向性を変えたり、知的に進化させたり、新しい世界を広げたりしたことはこれまでほとんどなかったといえる。コンピューターを購入する以前に「ゲームばかりやっていた人間」が、コンピューターを使うようになったからといって、いきなり「数式処理や統計処理」を行うようになることはない。たとえば、コンピューターという道具は本来的には、「絵筆を扱えない人が絵を書くための道具」であり、「楽器演奏の技術を持たない人が音楽を作るための道具」であり、「数式処理を紙と鉛筆でできない人のための道具」であり、「原稿用紙と鉛筆で文章を書く技術を持たない人のための道具」であり、「映像作品をカメラとマイクと照明を使って作る技術を持たない人のための道具」であるはずだが、実際にはそうはなっていない。実際の利用状況を見れば、「既にそれらの技術を有している人が、さらにその技術を増強するための道具」として用いられていることがよくわかる。コンピューターは「能力の増幅装置」でしかない。したがって、そもそも「何の興味もなく、何の能力も有していなかった人間」が、コンピュータを使うようになったからといって「それまでできなかったことができるようになる」ことなどは、実態としてほとんどないというのが悲しむべき現状である。

実は、テレビやラジオがこの世界に登場したときにも、人類は同じことを考えた。「テレビの普及によって、教育レベルや知的レベルが極度に向上するのではないか」と考えられた時代もあった。しかしそれが本当であったかどうかは、現代人であれば誰でも知っていることだろう。テレビは「単なる娯楽の道具」と化し、コンピューターは「高価なゲーム機、年賀状印刷機、もしくは、アダルト系画像の収集箱」と化している。私たち人類はこれまで、この点に関して「活版印刷」に期待し、「蒸気機関」に期待し、「電波通信」に期待し、「テレビ」に期待し、「コンピューター」に期待してきた。しかし、それらはすべて人類の何らかの機能の「延長」「増幅装置」でしかなく、何かの新しい「地平」を開いてくれるものにはならなかった。おそらく、インターネットという道具も同様の結果を生むであろうと（悲観的に）推測している。インターネットは、人類の「社会」を増幅する装置にはなるであろうものの、それ以上のものにはならないだろうと推測される。社会を増幅するということは、「つながる」「絆を結ぶ」「共同体を形成する」という部分を、かなり加速してくれる。しかし問題は、「どのような共同体」が効率的に作られるかということのほうであり、「どんな種類の共同体であっても、効率的に構築されるのことが良い」わけではない。実際、これまでインターネットを用いて効率的に構築され、華々しい成果を生んだとされる「共同体」は、たとえば「新しいＯＳ（オペレーティングシステム）：Linuxの開発のための共同体」であったり「新しい社会運動のためのベース」であったり、「学会活動」であったりした。それらは確かに、「インターネットの輝かしい側面」ではあるだろう。しかし同時に、「UG系（地下系）情報の交換の場所」や、「アダルト系画像の貯蔵場所」や、「違法ソフトの交換場所」や、「毒物情報の提供場所」や、「自殺者募集場所」であったりもした。そしてそれらは、（良い悪いは別として）「インターネットが登場する以前から、（ひっそりとは）行われていた」ものが、「機能を強化した」に過ぎない。

(6) インターネットによって人類は「幸せ」になれる？

多くの場合、新しい技術や道具によって「幸福」になる人も、「不幸」になる人も存在する。インターネットも同様だろう。「道具」や「技術」とは、本来的にそういうものであるといえる。万民を幸せにする「道具」や「技術」というものに、私たちはこれまで遭遇したことがない。もちろん、「できる限り多くの人々を幸福へと導く」ようにしなければならないが、それは道具の性質とは別のところに存在する議論である。インターネットという道具が登場したからといって、短絡的に「それは、人類を幸せにすることのできる道具だ」と結論することなどできない。インターネットという道具を用いて、（できるだけ多くの）人類を幸福へと導くためには、それなりの努力と工夫が必要である。

(7) インターネットをどのようなものにしていくべきか

インターネット上には、様々な「場所」が作られた。それは、あたかも「新しくできた埋立地」のように、どんどんその場所を広げている。これまで陸地が存在しなかった電子の海に、人間が存在できる「情報の（仮想的な）陸地」が構築されてきた。しかしながら、インターネットは、今のところまだ「夢の島（ゴミ埋立地）」でしかない。そこには、貴重な情報や有用な素材が「希に」存在しているが、一方でその大半はゴミや危険物である。私たちは、この海（インターネットという名前の電子の広大な海）を「情報」で埋めたて、その上に、美しい公園や広場や喫茶室や集会所やショッピングモールや市民ホールや学校を構築していかなくてはならない。そのために、私たちは何ができるかを考える必要がある。もしくは「何をするべき」なのかを考えなくてはならない。

2 Ethernetという「思想」

(1) Ethernetとは?

「インターネット」という道具について考える際には、まず、その性質や思想的な背景を知っておく必要がある。インターネットという名前だけではなく、その通信技術の基盤として用いられている「TCP/IP」と「Ethernet」について知っておくべきである。

TCP/IP（Transfer and Control Protocol/ Internet Protocol）は、その名称が「インターネット」の由来となっている。このTCP/IPをさらに支えている通信規格がEthernet Protocol（イーサネット・プロトコル）である。つまり、Ethernetとは、インターネットを底でささえる「信号伝送の通信規格／LANの規格」である。この通信規格には多くが存在するが、大きく分けてUTP（金属線のツイストペアケーブルを使用する規格）と、FTTH（光ファイバーケーブルを使用する規格）に分類できる。以下に若干の例を示す。

●UTP（カテゴリ5ケーブル）
10BASE-T（IEEE 802.3i）　10Mbps の伝送規格（一九九〇年）
100BASE-TX（IEEE 802.3u）　100Mbps の伝送規格（一九九五年）
1000BASE-T（IEEE 802.3ab）　1Gbps（1000Mbp）の伝送規格（一九九九年）
……など

●FTTH（光ファイバーケーブル）
1000BASE-X（IEEE 802.3z）　1Gbps の伝送規格（一九九八年）
10GBASE（IEEE 802.3ae）　10Gbps の伝送規格（二〇〇二年）
……など

現在、大学内などのLAN（Local Area Network：構内通信網）では、1GE（1ギガイーサ）と呼ばれる1000BASE－Tの規格が用いられている場合が多い。10GE（10ギガイーサ）と呼ばれる802.3aeの伝送規格は、従来、主として国と国との間に敷設された光ファイバーケーブル（基幹ネットワーク）などでの通信で使用されていたが、光ファイバーケーブルによる通信網の普及により、現在ではそれ以外の場面でも広く用いられるようになった。基幹ネットワークにおける通信は、現在1T~4Tbpsで行われている場合が多い（1T＝1000G）。わずか数年の間に、情報の伝送速度は100倍程度にもなっているという状況を見ることができるだろう。

（2）Ether＝エーテル

このEthernetという単語は、Ehternet Card（イーサネット・カード：LAN Cardなどとも呼ばれる）の中にも見ることができる。この「Ether」とは「エーテル」のことである。かつて物理学の分野では「宇宙全体を満たすエーテル（溶媒）が存在する」と考えられていた時期があった。つまり、光／電磁波を通すためには「溶媒」が必要だと考えられていた時代があったということである。これは「宇宙エーテル説」と呼ばれるものであり、もちろん現代物理学では否定されている。「音波」の溶媒として「空気」や「水」が必要であることと同様に、「何らかの溶媒（エーテル）が必要だ」と考えられていたことによる。Ethernetという名称は、「世界を満たす溶媒」「情報伝達の溶媒」として、通信回線を考えるという考えに由来している。「宇宙を満たす溶媒」であるエーテルの代わりとして「世界を満たす溶媒」としての通信回線を世界中に敷設するという遠大な野望のもとに作られた通信規格がEthernetであると言える。

インターネットの思想的な背景は、このEthernetという名前によく見ることができる。そしてその底流には、情報の疎通を阻害するものは「悪」であるという思想が存在している。この思想的背景は、その後マルチメディアという概念に引き継がれて現在に至っている。「文章も音楽も音声も画像もムービーもプログラムも、すべて一種類の通信規格を通してやりとりしよう」という考え方の底には、「この世界を、全ての情報を通すためのエーテルで満たそう」という、少々過激とも思える思想が存在しているということである。

(3) Ehternetという思想は近代の価値観と摩擦を生じている

しかしこの「Ethernetという思想」「インターネットという思想」「マルチメディアという思想」は、近代における基本的な枠組みとの間に、少々の摩擦を生じる可能性がある。たとえば「情報が制限されることによって価値が生じる」ことがある。端的に言うならば、「誰でもが自由に情報を得ることができる」のではなく、「金銭を支払った人間だけが情報を受け取ることができる」という仕組みを作ることによって、そこに経済的な利益が発生する。逆に言えば、「誰でもが情報を受け取ることができる」という場合においては、多くの場合、そこに経済的な利益は発生しない。また、「全ての情報が瞬時に世界中に流布する」ことは、決してよい結果ばかりを生むわけではない。「情報を販売する商売（たとえば、音楽産業やソフトウェア産業などがその代表例）」からすれば、「全ての情報が、無制限に流布する」ことを促進することはできないだろう。昨今、個人情報の流出や違法ソフトの流通、過激な画像の配信などが問題となっているが、実はそれらは全て「Ethernetという思想」を推進した地点に生じる当然の帰結でもある。私たちは、情報の取扱いに関して新しい考え方をしなければならない地点に立たされている。果たして「Ethernetという思想」が妥当なものだったのかどうか、もしくは「情報の流通を制限する」という方向への転換が好ましいことであるのかどうか、などについて、より深く考えなくてはならない。「インターネットによって、多くの個人間での情報のやりとりが高速で効率的に行われる」ことを推進していくのであれば、これまでにもまして「情報の流通を制限する」ことは難しくなる。「情報流通の促進」と「情報流通の制限」という二つの考え方は、本来的に矛盾する概念だからである。

3　マルチメディアとは何であるか

（1）Multi Media は Multi "Media" ではなく、Multi "Modality" である

前述のように、マルチメディアという概念は、さらに「インターネットという思想」を推し進めた地点に存在している。まず、Multiという語は、「複数の」「多重の」という意味を持っている。そして「Media（medium の複数形）」は「媒体」という意味である。medium（ミディアム）と

は、本来「中間に存在するもの」「媒介物」という意味であり、放送局、新聞社、出版社、などを指したり、単に通信回線を指したりもする。したがって、Multi Mediaとは、「複数媒体」という意味となる。マルチメディアに関しての多くの誤解は、この単語に起因している。なぜなら、マルチメディアとは、複数の「感覚様相（modality）上のコンテンツ」を扱うことを指すのであって、複数の「媒体」を表しているとは言えないからである。複数のコンテンツとは、たとえば、図形／写真／ムービー／音声／音楽／文字／プログラム、などを指している。ただし、テレビはマルチメディアとは呼ばれないし、映画もマルチメディアとは呼ばれない。それらは「音声と動画像」という二つのコンテンツを同時に配信しているわけであるが、マルチメディアの定義からは外れている。

（2）Multi Media は "Multi" ではなく "Uni" Media である

マルチメディアとは、複数種類のコンテンツを単一の通信規格を用いて送信することをを指す用語である。テレビは音声と画像を「別の周波数の電波」に乗せて「別のデータ形式（通信規格）」で送信していることから、「マルチメディア」とは呼ばれない。映画でも、音声と画像は別の規格で記録されている。マルチメディアとは、音声と画像などを同一の通信規格でやりとりすることを意味している。したがって、その意味ではMulti-Mediaなのではなく、Uni（単一の）-Mediaなのだと考えることもできる。ここで、メディア（媒介物としての通信規格）が「単一」であることに重要な意味がある。そしてこのようなことは、アナログの通信規格では不可能である。デジタル通信であるからこそ、「音声も画像も文字列も」同じ規格のデジタルデータとして送受信することが可能となるからである。つまり、マルチメディアにおいて重要なのは、それが「ユニ（Uni）＝単一」であるということである。

さらにマルチメディアにおいて重要となるのは、「信号の変換方式」と「信号の伝送方式」である。効率よく「統合された形式のデジタル信号」に変換し、効率良く伝送しなくてはならない。ここで、デジタル方式であることが重要な意味を持つ。すべての送信者／受信者が一種類の規格を使うことによって、「人間が扱うことのできるすべての感覚与件」を、「一種類の回線」でまかなうことができるということになる（より正確には「一種類の信号伝送方式でまかなうことが可能となる」）。この「一種類の信号伝送方式」が、Ethernet Protocol と呼ばれるものである。そしてそれが、この宇宙を満たす（と、かつて考えられていた）「宇宙エーテル」のように、一つの通信方式が世界をつなぎ合わせる媒体となるという思想の上に構築されたものであるということは、前述したとおりである。それによって、「無制約な、情報の配信・受信」が可能となる。

マルチメディアという思想によって、情報の種類に関しての制限も小さくなった。かつては、文字列のみをやりとりすることしかできなかったデジタル通信は、Ethernet Protocol と TCP/IP によって、文字も音声も画像もプログラムも「一つの通信回線／一つの通信規格」で送受信することができるようになった。これも前述のとおり、この「無制約な情報の配信・受信」は、ときとして「現代社会の価値」と反目する。

(3) Multi Media は、やはり“Multi Media”である

インターネットという道具を使って、私たちが「やりとりしたいと考える」のは何であろうか。もちろんそれは画像であり文字列であり音声なのだが、それ自体「何かを乗せるための乗り物」でしかないと考えることができる。実のところ、文字列や音声や画像は、私たちの「精神・気持ち・思い・感動・主張・思想・魂」を乗せるための「媒体」であるといえる。その意味では、「マルチメディア」という用語は決して間違っていない。つまり「メディア：Media」という単語の定義の解釈を変更すればよいということになる。「マルチメディア」とは、複数の「意思」「価値」を拡散伝送するための画期的な手段であるのだと考えれば、比較的よく理解できるだろう。もちろん、効率的にやりとりするためにデジタル通信の規格が必要となるという点では、やはりUniである。私たちがやりとりするのは表面的には文字であり画像なのだが、その実それらは「精神や魂や主張や感情」をやりとりしているのだということを、しっかりと認識しておくことがとても重要である。そしてさらに重要なのは、インターネットという道具は「魂や精神や主張や感情」をやりとりする手段としては十分なものであるとはいえないという認識を持つことである。通常の音声言語を用いた場合でさえ、私たちは自分の考えをうまく他人に伝えることはできない。ましてや、伝送効率を高めるために、データ形式を「統合化」「単一化」したインターネット上のや

りとりで、「うまく伝える」ためには、細心の注意と努力が必要になるからである。

4　「インターネット」は「理想郷」でも「良い教科書」でもない

(1) インターネットは「危険なジャングル」もしくは「夢の島(ゴミの埋立地)」である

もしも「危険な動植物がたくさん生息しているジャングル」に旅立とうしている人がいたとしたら、その人にとって「必要な技術や知識」は何であろう。「ジャングルというのは、自然の宝庫だ」ということを示す様々な知識は、あったほうがいいかもしれないが、第一義的に必要なものであるとは言えないだろう。おそらく最も重要なのは、「ここには行くな、この植物には触るな、この動物に出会ったら逃げろ、予防注射をしておけ」というような知識であるだろう。

もしも「夢の島(ゴミの埋立地)に行って、まだ使える物や宝物を探したいと考えている人がいたとしたら、その人に対して「どのようなアドバイス」が役にたつだろうかを考えると、さらに状況が明確になるだろう。おそらく「怪我をしないように万全の装備をして行くこと」という忠告が役に立つ。もしくは、「これとこれは危険物なので、絶対に手を触れたり、持ちかえったりしないように」という忠告が必要となる。

「インターネット入門本」の中には、「これからインターネットの世界に旅立とう」としている人たちに対して「その素晴らしさ」や「良い点」を教えることにばかり終始しているものが多く見られる。それは「インターネットという世界への旅行ガイド」として、果たして役に立つものとなるかは疑問である。インターネットの世界は決して理想郷ではないからである。そこには、危険なコンテンツも、危険な人間も、危険なウィルスも、たくさん存在している。詐欺的なやりかたで金銭をかすめとろうとしたり、個人情報を盗み出そうとしている人もたくさん存在している。そのような事件が多く発生していることは、誰でも知っている。インターネットとは「そういう場所」だという認識を持つことが重要である。

もちろん、インターネットという場所では「被害者」になる可能性があるとともに、また、「加害者」になる可能性さえ存在している。「インターネット教育」において、もっとも重要であるのは、「被害者／加害者にならないため」の教育であるといえる。それ以外の技術や知識は、たとえ必要であったとしても、重要度からすれば「二番目以降のもの」でしかない。

（2）子どもに「インターネット教育」は必要か？

コンピューターの利用技術に関しての早期教育が「どういう観点で」必要だと考えられているのかについてさえ「まともな議論」を見たことは少ない。一〇歳のころに習得した「コンピューター関連の技術」など、その八年後には間違いなく「陳腐化」している。つまり「役に立たない」ということである。どんなに早期に「コンピューター」や「インターネット」の使い方を教育したとしても、その技術自体が「役に立つ」チャンスは、ほとんど存在しない。コンピューターもインターネットも、日々進歩している。「早期にそれらに触れること」に関しての技術的な側面からの意味は、まったくないと断言できる。一八歳になれば「その当時の技術」を学ぶ必要があり、一〇歳のころから学んでいたことによる利得など、まったく存在していない。私自身、一九歳のころから電子通信の世界に日常的に触れ、電子通信工学科で学んだ人間であるが、一九歳のころに学んだ知識や技術などは今となっては「歴史的な意味」しかない。一九歳の頃どころの話ではない。「数年前に習得した通信分野の技術」ですら、完全に「陳腐化」している。それが「無駄だった」とは思わないものの、少なくとも「現時点でほとんど役に立たない知識と技術」であることは確かである。そうであるからこそ、私たちは「日々、学びつづけている」わけである。

したがって、インターネット教育が、どうして小学生に必要だと考えられているのかは、まったく理解できない。簡単に断じてしまうなら「百害あって一利無し」だといえる。インターネットは、「効率的に情報を収集したり」「効率的にデータのやりとりをしたり」することができるという点では優れた道具である。しかし「効率的」にそれらのことを遂行する技術は、それ以前に学ぶ「非効率な方法」によるやりかたの裏打ちがあって、初めて「きちんと身につくもの」であるといえる。図書館や書店で、一冊づつ書物を手に取りながら「これでもない、あれでもない」と考えつつ求める情報を探し当てる技術であったり、その情報に詳しい人との間で「ああでもない、こうでもない」とやりとりしつつ必要な情報を聞き出す技術を充分に習得したあとでなければ、「電子的な方法での情報の収集」をうまく遂行することはできない。なぜなら「インターネットを用いた電子的な方法での情報の収集」とは、結局のところ書籍や人経由で情報を収集するという技術の延長上にあるものでしかないからである。どれが「信頼できる」情報で、どれが「疑わしい」情報であるかの判断は、結局のところ情報に対する嗅覚の問題となる場合がほとんどだろう。この「嗅覚」「感覚」を、電子的コミュニケーション上で養うことはできない。私たちが、ある WebPage に書かれている情報を見て、それを「これはちょっと怪しいから、他の方法で確認しなくてはいけないな」と感じたり、「この情報はかなりの確度を持っている」と感じたりするのは、「電子的コミュニケーション以外」の場所で養われた感覚を持っているからでしかない。文章表現上の微妙な点や、Web デザインを見たときの感覚、リンクされているページのラインナップなどなどを見て、私たちは「怪しい」とか「まとも」とかを判断しているのだが、それは「日常の感覚」の延長上に存在する「普通の判断」である。そのような感覚を醸成できていないうちに、「インターネット」の世界での情報収集の技術を習得させることに、どのような意味があるのか、私には理解できない。「本を読むこと」そして、「本の中の文字列によって紡ぎ出される意味の整合性」から「信憑性」を判断すること、さらには「人と話すこと」を通して、「その人の持っている情報の信憑性」を判断するという訓練過程を経た後でなければ、「インターネットの上の情報」の「信憑性」など判断できるはずもないからだ。

インターネット上における「人と人とのコミュニケーション」についても、同じことが言える。「生身のコミュニケーション」を比較的充分なレベルで遂行できる人であっても、インターネット上における意志の疎通には困難を感じる場合がある。ましてや「生身の対人コミュニケーション」をまともにできない児童が、「インターネット上の対人コミュニケーション」をうまくできるはずがない。「うまくできるはずがない」ばかりではなく、「対人コミュニケーション能力」を習得する段階を「とばしてしまう」可能性すら存在している。インターネット上でのコミュニケーションは意志や感情の表現が希薄であり、比較的「楽なもの」と感じられてしまう可能性がある。「生身の対人コミュニケーション」を充分に経験しないままに、「電子的なコミュニケーション」の段階に進むのは、極めて危険なことであると指摘せざるを得ない。

現在、「悲しむべき事態」として、「生身の対人コミュニケーション」に問題を抱える人たちの多くが「インターネット上のコミュニケーション」に活路を見出しているという状況が如実に存在している。それが彼らにとっての「ある意味での癒し」となっているのであれば、それを止める権利は私にはないだろう。しかしながら、インターネット上のコミュニケーションというのは、「そのようなものである」ということを、認識しておく必要がある。そのような場所で、「対人コミュニケーション」を学ぶことができるはずもない。もしもそれが可能だったとしても、それは私たちの社会が望むような対人コミュニケーションのありかたであるとは決していえない。インターネット教育を推進しようと考えている人たちは、この状況を「どうとらえている」か、私はとても不思議である。それればかりではなく、これらのことに関して、「きちんと考えた末でのことなのかどうか」という点にさえ、疑問を感じる。

前述のように、コンピューターという道具には、「新しい何かを生み出したり」「新しい方向性を与えてくれたり」という力は、(悲しむべきことであるが) ほとんど存在していない。私たち自身は「そのような新しい何かを生み出すもの」として道具や技術を開発しているつもりなのであるが、現実にはそれは達成されない理想である。それらは「すでにある何かを増幅したり加速したりする」ことしかできない。そして、「すでにある何か」を持っている大人にとっては、それらは有用な道具となる可能性があるものの、「それを持っていない子ども」にとっては、「歪みを発生させる道具」にしかならないだろう。「きちんとした共同体を形成する力」を持っていない子どもが、インターネットを使って何らかの共同体を構築するのであれば、その「増幅機能・加速作用」によって、歪みも増幅させてしまう。それは子どもだけの話ではない。立派な大人であっても、同様のことはそこかしこで発生している。そのような道具を子どもに与えることによって、どのような教育を遂行しようとしているのか、私にはまったく理解できない。ネット教育を推進する人たちは、そこで誰に、何を、教えたいのだろうか。もしくは「どのような能力」を醸成したいと考えているのだろうか。

そしてまたそれらの問題は、「子どもだけ」で発生していることがらではない。大人も病んでいると思われる。「コンピューターを使えないと、まともな職業にはつけない」などという奇妙な言説がまことしやかに流布している社会においては、その病魔に犯されるのは子どもだけではない。コンピューターなどという道具は、電卓やそろばんと同じレベルの道具でしかないことをきちんと認識しておく必要がある。

4　ポストモダン化社会における「マルチメディア」という思想の意味

（1）社会の「ポストモダン的転回」

マルチメディアやイーサネットは単なる技術ではなく、思想である。したがって、思想的背景の検討を欠いた通信メディア論や、技術的背景の検討を欠いた情報化社会論は、何の役にも立たないと言える。

ここで、ポストモダン思想に関連する用語についてまとめておく。

postmodernism……ジェンクス『ポストモダンの建築言語』、リオタール『ポストモダンの条件』などの著作にその端緒が見られる、一九七〇年代頃から始まった「思想的潮流」。

postmodern……時代を表す言葉、もしくは修飾語。「大きな物語への不信」「大文字の歴史の終焉」などという表現に代表される状況を有する「時代」。

postmodernity……「ポストモダン」時代における「状況」。

modernity/modernism……「社会は右肩あがりに進歩する」「人間の理性は、人類を必ずや理想郷へと導く」などという「大きな物語」によって駆動されていた時代状況、もしくは、それを信奉する思想。

「モダン（＝近代）」において、科学は人類を幸せにしてはくれなかった。二〇世紀は「科学の世紀」だったが、それは同時に「暴力と戦争の世紀」でもあった。また、人間の理性は、人類を理想郷へと導いてはくれなかった「モダン」という枠組みは、少なくとも未完のままである。「大きな物語」「誰もが信じていた価値」に対しての疑念が発生し、人は個別の利得や幸福のみを追求して生きていくことになった。社会は疲弊し、活力を失い、人々はそれぞれの「小さな物語」を胸に、息を殺してひっそりと生きているというのが、二一世紀の現代の偽らざる姿であり、「ポストモダニティ」が支配的となった状態である。ポストモダン化した社会（postmodernity が支配的となった社会）において、私たちはどのようにして新しい価値を紡ぎ出すことができるだろうかを考える必要がある。

（2）MVS（Multi Value Society：複価値社会）の構築

ポストモダン化した社会においては、ある特定の人間が到達した「価値」をおしいただくこと／「大きな物語」を信奉すること／歴史の定向進化を信じること、に対しての不信が発生した。そこでは、自ら価値を紡ぎ出し／自らの物語を書き／自らそれを実践する、ことが必要とされるようになった。換言するならば、私たちは「個別の物語」を生きていくことを余儀なくされている。「個別の物語」を生きること自体は、それほど面倒なことではない。しかし、個別の物語を生きる人間が集まり、社会を構成するということの困難さは容易に推測できる。そこでは反目や摩擦や軋轢などが多く発生するからだ。人が一つの大きな物語を信じて生きている共同体・社会においては、摩擦や軋轢は少なく抑えられる。私たちは、異なる価値観（個別の物語）を持った人間の「共生」の可能性について考えなくてはならない。他者の価値を否定せず（かつ信奉もせず）、「それぞれの物語」を生きることが可能となる社会を構築することを目指す必要がある。ある者は連帯し、ある者は反目しあい、ある者は無視するだろう。しかしまたある者たちは、「個別であること」「それぞれ特殊であること」を認識しつつ、対話することができる――そのような社会が望まれる。

実際には、人々は昔から「個別の物語」を生きていた。ただしある時期以降、「社会の価値（大きな物語）」に追従することを余儀なくされていた。「社会化」とは、常に「少しだけ自分を殺すこと」である。狭い共同体のみを帰属集団としている場合には、その帰属集団の「価値」に追従することが生きていく上での知恵であった。現代の「閉塞感」は、そこに存在する。「広い」「緩やかな」共同体を構築することができれば、その価値に追従する必要はなくなる。また、世界規模で「価値の伝達」を行うことができるのであれば、自らの帰属集団を自由に選択することができる。そのために必要なのは、複数の価値の存在を積極的に認め、推奨することのできる社会――ＭＶＳ（Multi Value Society：複価値社会）である。

ＭＶＳにおいては、人が反目したりする可能性はとても小さい。なぜなら、全員が個別の自分だけの価値観を持ち、自分だけの物語を生きていることが当たり前とされているからである。ＭＶＳとは、価値観の違いが問題とはならない社会である。たとえ一時期同じ目的を共有する帰属集団に属していたとしても、個人個人の価値観は異なる。目的のもとで連帯するが、価値観を共有しないということが必要とされる。そしてＭＶＳの構築を可能としうる基盤として、世界規模の通信網であるインターネットとマルチメディア環境が重要な役割を担いうる。現在は、まだ言語の壁を乗り越える画期的な方法は提唱されていないが、そのうちに、人類はバベルの塔以来の懸案事項である「言語の壁」を克服しうるであろう。そしてそれは情報通信技術の分野によって成し遂げられる可能性が高い。それだけではない。現代においては、視覚や聴覚に機能欠損を有する人たちとの間で容易に意思の疎通を図ることが可能となりつつあり、この方向は、今後さらに進展していくと予測される。もちろん、単に技術的な進展のみでＭＶＳが達成されるということはない。現時点において、この社会の多くの成員がそのような社会の到来を望むことなしには、技術もその方向を維持できないからである。

（3）「マルチメディア」という思想

ポストモダニティとは、「価値の揺籃」である。そこでは、すべての人間が新しい価値を作り出し、自ら作り出した新しい価値によって生きていく。価値の伝播を妨げるべきではない。価値の創造を否定すべきではない。価値のすり合わせを行うべきではない。他者の価値を「おしいただく」必要はない。人々はそれぞれ小さな灯火を点す。その灯火は、デジタルメディアを媒介として世界中に伝播していく。マルチメディア、およびその技術的背景であるイーサネットプロトコルは、この「閉塞」を打ち破り、新しい社会を生み出すための「道具」である。この「画期的な道具」を、テレビのような「単なる娯楽のための遊具」へと堕落させることは、人類に与えられた（ほぼ最後の）宝を捨ててしまうことに等しい。

　その意味で、私たちは、「画期的な時代」に生まれた。人類がこの分岐点（画期）を、どのように扱い、どのように生かすことができるのかを、見きわめることができる。そればかりではない。私たち自身が、その「選択者」「実行行為者」である。社会は「同時代人の選択した方向の総計」によってのみ、変化（もしくは維持）する。何らかの「歴史」という駆動原理が個人の選択行動を超えたところに存在しているわけではない。

　私たち全員が「時代を紡ぐ者たち」である。選択をしないのは、決して棄権なのではなく、「他者に選択を委ねた」「自らの物語を放棄した」ことと同義である。「自信をもって自らの物語を遂行する」ためには、不断の努力が欠かせない。そのような人間たちがそれぞれ小さな灯火を点すことによって、社会は緩やかに変化する。そしてそれを可能にするのは「マルチメディア」という技術であり、「マルチメディア」という思想である。

　しかしながら、思想に裏打ちされていない技術は必ず停滞し腐敗する。私たちは、そのような事例をこれまで何度となく見てきたのであるが、またさらにこれからも何度も見なくてはならないかも知れない。

あとがき

1　本書のもととなった横浜市民大学講座

私たち人間は生涯にわたって、他者に働きかけ／他者から働きかけられるコミュニケーションを行っている。コミュニケーション（関係の取り結び）には、楽しさもあれば当然煩わしさもある。理解もあれば理解不能もあり、共感もあれば反撥もある。むつまじい愛情関係もあれば憎しみによる諍いの関係も少なくない。コミュニケーションの問題は人間の存在そのものについて考えることに他ならず、私たちは常に自分とは何か、他者とは何か、人と人とはわかりあえるか、という問いを背負い、実践してきたし、これからもそうしてゆかざるを得ないだろう。

叢書フェリス・カルチャーシリーズの一冊をなす本書は、二〇〇三年九月から一二月まで半年間にわたってフェリス女学院大学を会場校に「現代社会とコミュニケーション」をテーマに行われた「横浜市民大学講座」（当時・横浜市委託講座）をもとに、担当講師一二人のうち一一人が新たに論考を書き下ろした、「コミュニケーション」をめぐる論文集である。講義と同じ内容を再構成したものもあれば、新たなテーマで書いた稿もあり、コミュニケーション論の入門書やテキストとして最適であるだけでなく、一般書としてもわかりやすく、同時に専門の研究書としても遜色ない論文集になったのではないかと思う。

毎年度行われているフェリス女学院大学の横浜市民大学は、各学部・学科が持ち回りで講座を企画し授業を受け持つことを恒例としている。二〇〇三年度に我われが担当することになったのは、翌年〇四年度に文学部に新しく開設されるコミュニケーション学科の〝お披露目〟イベントも兼ねてのことであった。全部で一二回の講義が行われ、講座申し込み者は一〇二人、受講者九二人、修了者は六〇人（女性四二人、男性一七人）と、盛況の市民講座となった。

その講師陣、すなわち本書の執筆者となったのは、コミュニケーション学科にスタッフとして加わる予定のフェリス専任の教員や他大学の教員、またその知己の人たちである。

この時の、動詞を並べた凝った講義タイトルと担当講師の所属は、次のようなものであった（現在の所属等は本書奥付を参照）。

第一回　関係する：対人コミュニケーションの心理学――マインド・コントロールに至るまで　渡辺浪二（フェリス女学院大学）

第二回　とらわれる：文化とコミュニケーション――異文化心理学からのアプローチ　田崎勝也（フェリス女学院大学）

第三回　育つ：女らしさ／男らしさはつくられる――ジェンダーの教育学　井上恵美子（フェリス女学院大学）

第四回　助け合う：高齢社会を生きる――これからの家族と介護制度　猪熊律子（読売新聞

記者）
第五回　しゃべる：言語学への招待——園緑の事件簿Ⅰ「逢うや逢わずや誘拐事件—声紋分析による発音規則の解明」　齋藤孝滋（フェリス女学院大学）
第六回　うごく：身体（からだ）とコミュニケーション——フィットネスワークショップ　大河内君子（フェリス女学院大学）
第七回　出会う：察する文化と表現する文化——洗練された争いについて　梅本直人（フェリス女学院大学）
第八回　つなぐ：在日外国人とのネットワーク——内なる異文化から多文化へ　高野文生（NPO法人東京エイリアンアイズ代表）
第九回　解き放つ：活きいきした自分になる——アサーション・トレーニング　川合雅子（株式会社 Wecop 代表）
第一〇回　書く：新聞記者の仕事から——実践的取材論・文章論　竹信三恵子（朝日新聞記者）
第一一回　読む：マス・メディアの表現を読み解く——メディアリテラシー・ワークショップ　諸橋泰樹（フェリス女学院大学）
第一二回　伝える：インターネット社会の光と陰——マルチメディアの現在　高田明典（尚美学園大学）

この講座のコンセプトである、関係する、とらわれる、育つ、助け合う、しゃべる、うごく、出会う、つなぐ、解き放つ、書く、読む、伝えるなどの動詞形、そして対人心理、異文化心理、言語、ジェンダー、福祉、ことば、身体、国家とアイデンティティ、多文化社会、自己解放、文章の読み書き、マスメディア、電子メディアなどの切り口は、そのまま現在の多様なコミュニケーション研究の分野を網羅していると言ってよい。

そして、講座パンフレットの「テロル、戦争、民族差別、いじめ、ドメスティックバイオレンス、メディアスクラム…、私たちの周りには他者を排斥し、否定する言説やできごとがあふれています。『コミュニケーション』は、平和な人間関係を築くはずのものだったのに、関係を壊すものになってしまったかのようです」で始まり、ヒューマニズムのまなざしと社会科学的分析によって人間や人間の関係をとらえ、共生のコミュニケーションを志向するという紹介文には、フェリス女学院大学文学部コミュニケーション学科設立に向けての時代的危機意識と意気込みがよくあらわれている。

2　フェリス女学院大学文学部にコミュニケーション学科設立

フェリス女学院大学文学部は、英文学科と日本文学科の二学科（一時期は後に国際交流学部に発展する国際文化学科を加えた三学科）からなっていた。しかしながら、変容し多様化するコミュニケーション環境と状況に見合った学問による科目構成の必要性と、そういったことを学びたいという学生ニーズに対応するため、九九年度より英文学科と日本文学科の間に「コミュニケーション科目群」という共通科目群を設置、併せて両学科生が所属し指導を受けて卒業論文も仕上げられる「コミュニケーションゼミ」が開設された。初期のゼミ教員は、英文学科から一名、日本文学科から一名の教員が〝出向〟のような形を取り、さらに共通教養や教職科目を受け持つ部署から持ち回りで一名〝出向〟するという、三ゼミ体制で運営された。この科目群とゼミは、大方の予想通り在学生および受験生に好評で、二〇〇二年に当時の宮坂覺学部長のもとで立ち上げられた「文学部将来構想委員会」において、文学部のカリキュラム拡充と改組に伴ってコミュニケーション科目群とゼミが一つの学科として独立するに足るものと判断され、二〇〇四年度の開設をめざして準備に入ることになったのが、現在のコミュニケーション学科設立の経緯である。

専任スタッフの人事予定は、以下の通りであった。

井上恵美子（教育学、ジェンダー教育史）：共通教養・教職から
梅本直人（キリスト教学、異文化コミュニケーション論）：共通教養・教職から
大内君子（スポーツ学、身体論）：共通教養・教職から
大倉一郎（多文化共生論、ネットワーキング）：〇六年度着任予定
齋藤孝滋（方言学、社会言語学）：日本文学科から
高田明典（情報論、現代思想）：〇五年度着任予定

田崎勝也（異文化心理学、コミュニケーション論）：英文学科から
諸橋泰樹（マス・コミュニケーション学、文化学）：日本文学科から
渡辺浪二（社会心理学、心理学）：共通教養・教職から

以来、受験生数も順調に増え、推薦制入試、A日程入試、B日程入試ともに例年かなりの高倍率で、短時日のうちに人気学科に育つことができた。〇八年三月に卒業した一期生たちの卒業論文も多様で優秀なものが多く、また就職率もかなりよく、就職先もマスコミをはじめ企業のコミュニケーション部門や総合職などに進む者がこれまで以上に多いという印象を抱いている。

3　コミュニケーション研究の拡充と学科・大学院のさらなる発展へ

このように、コミュニケーション学科が魅力ある学科として学生たちや受験生たちの定評を得るようになったのは、専任スタッフの各分野にわたる布陣とすぐれた非常勤講師の招聘、そこに構造化されたカリキュラムの多様性、そして教員の面倒見のよさにあると自負している。

学科のカリキュラムは、（1）【基礎を学ぶ】というフレーズで文学部共通の入門期ゼミ（前期は三学科共通の入門期ゼミ、後期は学科ごとの準専門的なゼミ）の開講、（2）【全体像を知る】と題して概論科目、【研究方法に取り組む】と題して社会調査士の認定資格も得られる多数の調査系科目の配置、（3）【コミュニケーションの基礎を学ぶ】として心理、言語、現象学、マスコミ、

組織、ノンバーバルの各基礎科目の配当、（4）【専門と出会う】と題して「多文化理解」「共生コミュニケーション」「表現とメディア」の三領域からなる多彩なカリキュラム、（5）これら三領域科目群を、座学中心の理論科目「知と出会う」と、ワークや現場主体の「フィールドへ出る」に性格分け、（6）【現代文化を読み解く】というファッションや宗教、スポーツなど文化学系科目群の配置、（7）【文学・文化理論を学ぶ】という文学部共通科目としてそろえたカルチュラルスタディーズやフェミニズム批評などのポストモダン系科目群、（8）三年次からの多彩な専門ゼミⅠと四年次になって卒業論文を極めるための専門ゼミⅡ、というように組み立てられて、高校生にも在学生にも、また他大生・社会人にも興味の尽きない科目が配置された。

たとえば、【専門と出会う】での「多文化理解」科目には、言語心理・社会言語学、クレオール文化、ディアスポラ、多文化教育、都市フィールドワークなど最新の科目が、「共生コミュニケーション」では、エスニックマイノリティー、子ども、ジェンダー、医療、ＨＩＶ・難病、エイジング、ＰＴＳＤ、点字や手話などのヴィヴィッドな授業が、そして「表現とメディア」では、メディアリテラシー、映像制作、マルチメディア制作、ディベート、身体表現、取材・記事技法などの実践的な科目が数多く掲げられており、四年間では履修しきれないほどである。

このようにあまたある他大学のコミュニケーション系学部・学科とは明確に異なる本学のコミュニケーション学科は、先述のように〇八年三月、一期生が卒業してワンサイクルが過ぎた。本書は、本来なら「開設祝い」として刊行されるはずのものが、担当者である初代学科主任の怠惰により「完成年度祝い」にずれ込んでしまったが、一期生卒業と同時に大学院も設置、人文科学研究科コミュニケーション学専攻の博士前期課程が〇八年四月から始まるので、その「開設祝い」と考えたいと思う。〇八年秋には、大学院開設記念の多文化・共生のシンポジウムも行われる。

コミュニケーション学科および大学院コミュニケーション学専攻を担う我われとしては、新しいコミュニケーターを育てるためにさらに教育に力をそそいで行くとともに、学科の研究誌『多文化・共生コミュニケーション論叢』のみならず他媒体や全国学会を舞台に、コミュニケーション研究の新たな地平を拓いてゆきたいと考えている。

最後に、刊行が大幅に遅れたことについて執筆者の方がたにお詫びするとともに、二〇〇七年度より二代目主任教授として学科行政を一手に担っていただいている齋藤孝滋さんにお礼申し上げなければならない。「じょるじゅ」が引き継いでくれなければ本書の出版はさらに遅れたであろう。また翰林書房の今村静江さんには大変にお世話になった。

読者には、本学科の学生と卒業生の活躍、教員の研究活動を、是非あたたかく見守っていただきたい。

二〇〇八年三月

無能力だった初代学科主任として　諸橋泰樹

執筆者一覧

井上《いのうえ》恵美子《えみこ》　1957年生まれ。フェリス女学院大学教授。『ジェンダーと教育の歴史』（分担執筆、川島書店）、『現代日本社会教育史論』（分担執筆、日本図書センター）など

梅本《うめもと》直人《なおと》　1946年生まれ。フェリス女学院大学准教授。“Köigsherrschaft Gottes und himmlischer Kult im Judentum, Urchristentum und in der hellenistischen Welt”（共著 J.C.B. Mohr（Paul Siebeck））、“Die Heiden, Juden, Christen und das Problem des Fremden”（共著 J.C.B Mohr（Paul Siebeck））、『民族主義とキリスト教』（共著・新教出版社）など

大河内《おおこうち》君子《きみこ》　三重県生まれ。フェリス女学院大学文学部教授。『ダンスの教育学第6巻』（分担執筆、徳間書店）、『日本体育・スポーツ教育大系第13巻』（分担執筆、教育出版センター）など

川合《かわい》雅子《まさこ》　1954年生まれ。フェリス女学院大学非常勤講師。『キャリア発掘―私の適正・適職発見』（学文社）、『現代の経営と秘書と事務』（分担執筆、学文社）など

齋藤《さいとう》孝滋《こうじ》　1963年生まれ。フェリス女学院大学教授。『地域言語調査研究法』（編、おうふう）、『朝倉日本語講座10方言』（分担執筆、朝倉書店）、『現代日本語講座3発音』（分担執筆、明治書院）など

高田《たかだ》明典《あきのり》　１９６１年生まれ。フェリス女学院大学教授。『世界をよくする現代思想入門』（筑摩書房）、『「私」のための現代思想』（光文社）、『構造主義方法論入門』（夏目書房）など

高野《たかの》文生《ふみお》　１９６７年生まれ。ＮＰＯ法人ＴＡＥ理事。㈱大悟マーケティング部部長。「外国人留学生と共に日本を見る」（『科学』04年10月号、岩波書店）、「留学生にやさしい日本へ」（『外交フォーラム』03年6月号）など

竹信《たけのぶ》三恵子《みえこ》　１９５３年生まれ。朝日新聞編集委員。『日本株式会社の女たち』（朝日新聞社）、『女の人生選び』（はまの出版）、『ワークシェアリングの実像〜雇用の分配か分断か』（岩波書店）など

田崎《たさき》勝也《かつや》　１９６６年生まれ。フェリス女学院大学准教授。『比較文化研究の方法』（ナカニシヤ出版）、『わかりやすいコミュニケーション学』（分担執筆、三和書籍）など

諸橋《もろはし》泰樹《たいき》　１９５６年生まれ。フェリス女学院大学教授。ジェンダーの語られ方、メディアのつくられ方』（現代書館）、『ジェンダーとジャーナリズムのはざまで』（批評社）、『季節の変わり目』（批評社）など

渡辺《わたなべ》浪二《なみじ》　１９４９年生まれ。フェリス女学院大学教授。『基礎から学ぶ心理学』（共編著、ブレーン出版）、『社会心理学研究入門』（分担執筆、東京大学出版会）、『自我・自己の社会心理学』（分担執筆、北樹出版）など

フェリス・カルチャーシリーズ 4
多文化・共生社会のコミュニケーション論
——子どもの発達からマルチメディアまで——　【横浜社会人大学講座 5】

発行日	2008年 6 月24日　初版第一刷
編　者	フェリス女学院大学©
発行人	今井　肇
発行所	翰林書房
	〒101-0051 東京都千代田区神田神保町1-14
	電 話 03-3294-0588
	FAX 03-3294-0278
	http://www.kanrin.co.jp/
	Eメール●kanrin@nifty.com
印刷・製本	アジプロ

落丁・乱丁本はお取替えいたします
Printed in Japan. 2008.
ISBN978-4-87737-264-4

フェリスから発信する新しい〈風〉

フェリス・カルチャーシリーズ

❶ 源氏物語の魅力を探る

❷ ペンをとる女性たち

❸ 異文化の交流と共生
—グロバリゼーションの可能性—

❹ 多文化・共生社会のコミュニケーション論
—子どもの発達からマルチメディアまで—